退役了怎么办

本书编委会 ◎ 编

人民出版社

本书编委会

组建退役军人管理保障机构，维护军人军属合法权益，让军人成为全社会尊崇的职业。

——习近平

（摘自习近平在中国共产党第十九次全国代表大会上的报告）

前　言

　　人民军队是执行党的政治任务的武装集团，党和人民所需是人民军队的神圣使命。新形势下，加快把人民军队建设成为世界一流军队，关系党的执政地位和社会主义前途命运，关系党和国家长治久安、人民群众幸福安康。党的十八大以来，以习近平同志为核心的党中央着眼实现"两个一百年"奋斗目标、实现中华民族伟大复兴的中国梦，立足国家安全和发展战略全局，全力推进国防和军队建设，人民军队开启强军兴军新征程，朝着实现强军目标、建设世界一流军队砥砺前行，实现了政治生态重塑、组织形态重塑、力量体系重塑、作风形象重塑，人民军队体制一新、结构一新、格局一新、面貌一新，在中国特色强军之路上迈出坚定步伐。

　　军队不产生谷物，但产生安全；军人不生产商品，但生产和平。军人的牺牲与奉献，为国家、社会创造了"安全效益"。军人"执干戈以卫社稷"，用鲜血和生命守卫家园，人民才能体面而有尊严地生活，才有岁月静好、花前月下。

　　铁打的营盘流水的兵，快速的新老交替是军队的显著特征。军人来自社会，绝大多数还要回归社会，他们在任何时候都是"最可爱的人"。不管是军官还是士兵，不管是在革命时期还是在建设时期，退役军人都是党和国家的宝贵财富，是建设中国特色社会主义的重要力量。他们退出现役回到地方，是他们人生的重大转折，要安置好，也要使用好，继续发挥他们的作用。

习近平总书记在党的十九大报告中强调，组建退役军人管理保障机构，维护军人军属合法权益，让军人成为全社会尊崇的职业。这饱含着党和人民对子弟兵厚重的关爱，体现了党中央厚植国防建设基础的战略考量。为妥善安置退出现役的军人，党中央、国务院及相关部门出台了不少法规政策，明确规定了退役军人的安置就业、抚恤补助、社会保险、住房等政治待遇和生活待遇。全社会礼遇尊崇军人的氛围逐渐浓厚。当前正值深化国防和军队改革时期，军人退出现役数量比以往增加，更需各级党委、政府高度重视退役军人安置工作，关心关爱退役军人，创新安置工作机制，做好宣传工作，全面落实各项政策，维护好退役军人的合法权益，为促进国防和军队改革顺利进行提供有力的政策保证。

本书收录了王贵武、周晓东、王明礼、沈汝波、林上斗等20名同志退役不褪色的先进事迹。他们离开火热的军营，继续在经济社会发展最前沿、脱贫攻坚主战场、基层社会治理第一线书写人生华章，是广大退役军人的优秀代表。广大退役军人要以他们为榜样，永葆初心、不懈奋斗，一起挥洒汗水，一起向着未来努力奔跑，当好新时代的追梦人。

对退役军人而言，退役条件是什么？如何选择安置地点？选择什么样的安置方式？家属孩子怎么办？面对这些现实而紧迫的问题，退役军人需提前做好政策"功课"。为此，我们根据《中华人民共和国兵役法》《退役士兵安置条例》《军人抚恤优待条例》《军队转业干部安置暂行办法》等法规以及国家现行有关退役军人安置政策，尤其是深化国防和军队改革期间作出调整的政策规定进行了归纳梳理，以问答形式对军人退出现役后的安置政策规定进行了解读，供广大退役军人参考。

心有大愿，不计风雨阳光。风雨之中，愿你安好；阳光之下，愿你灿烂。未来不是在某个地方等待我们的静态图景，而是需要我们去创造的无限可能性。让我们一起出发，去创造一个更美好的未来！

编　者

2019 年 6 月 1 日

目录
Contents

上 篇 军人退出现役政策问答

下　篇　退役军人风采

附　录（二维码）

一、退役政策

二、保家卫国（视频）

上 篇

军人退出现役政策问答

倾听战友之声，

回答战友之问。

1. 退役军人包含哪些对象？

答：依据相关规定，包含退出现役的军队离退休干部、转业干部、义务兵和士官、复员干部。

2. 退役士兵安置由哪个部门负责？

答：《退役士兵安置条例》规定，国务院退役士兵安置工作主管部门负责全国的退役士兵安置工作。县级以上地方人民政府退役士兵安置工作主管部门负责本行政区域的退役士兵安置工作。人民政府有关部门和军队有关部门应当在各自职责范围内做好退役士兵安置工作。

目前，退役军人事务部已经组建，是国务院组成部门。各级地方政府负责退役士兵安置工作的主管部门是新组建的退役军人事务局（厅）。

3. 士兵退出现役的条件是什么？

答：《中国人民解放军现役士兵服役条例》第四十二条规定，士兵符合下列条件之一的，应当退出现役：

（1）义务兵服现役期满未被选取为士官的；

（2）士官服现役满本级规定最高年限未被选取为高一级士官的，在本级服现役期限内因岗位编制限制不能继续服现役的；

摄影：张骥

（3）服现役满 30 年需要退出现役的或者年满 55 周岁的；

（4）因战、因公、因病致残被评定残疾等级后，不能坚持正常工作的；

（5）患病医疗期满或者医疗终结，经军队医院证明和军级以上单位卫生部门审核确认，不适宜继续服现役的；

（6）因军队编制调整需要退出现役的；

（7）因国家建设需要退出现役的；

（8）士兵家庭成员遇有重大疾病、遭受重大灾难等变故，确需本人维持家庭正常生活，经士兵家庭所在地的县级人民政府退役士兵安置工作主管部门证明，经师（旅）级以上单位司令机关批准退出现役的；

（9）其他原因不适宜继续服现役，经师（旅）级以上单位司令机关批准退出现役的。

4. 士兵退出现役后的安置方式有哪几种？

答：《中华人民共和国兵役法》第五十四条规定，国家建立健全以扶持就业为主，自主就业、安排工作、退休、供养以及继续完成学业等多种方式相结合的士兵退出现役安置制度。

《退役士兵安置条例》施行以前（2011 年 11 月 1 日以前）入伍、施行以后退出现役士兵可按入伍时的政策执行。

5. 哪些退役士兵可以由政府安排工作？

答：《退役士兵安置条例》第二十九条规定，退役士兵符合下列条件之一的，退役时可以选择由人民政府安排工作：（1）士官服现役满 12 年的；（2）服现役期间平时荣获二等功以上奖励或者战时荣获三等功以上奖励的；（3）因战致残被评定为 5 级至 8 级残疾等级的；（4）是烈士子女的。

《退役士兵安置条例》施行以前入伍、施行以后退出现役的士兵，符合入伍时退役士兵安排工作有关政策规定的，也可以由政府安排工作。

摄影：廖宇飞

6.我是一名服役7年的士官，因父亲病故，家中还有妹妹需要照顾，能申请提前退出现役吗？

答：这种情况，按《中国人民解放军士官管理规定》有关全程退役的规定，是可以申请提前退出现役的。《中国人民解放军士官管理规定》第六十三条规定，符合下列条件之一的，可以在本级服役期内各个年度安排退出现役。

（1）家庭成员遇有重大变故，经县级人民政府退役士兵安置工作主管部门证明，本人申请退出现役的；

（2）因战、因公、因病致残被评定残疾等级后，不能坚持正常工作的；

（3）患病医疗期满或者医疗终结，经军队医疗体系医院证明和军级以上单位卫生部门审核确认，不适宜继续服现役的；

（4）年度考评不称职的；

（5）受降职、降衔以上处分的；

（6）留用察看期满后拒不改正错误的；

（7）受刑事处罚未被开除军籍服刑期满或者被处劳动教养（2013 年 12 月 28 日全国人大常委会通过关于废止有关劳动教养法律法规的决定以前，下同）期满后不适宜留队服现役的；

（8）图谋行凶、自杀或者搞其他破坏活动，继续留队确有现实危险的；

（9）因其他特殊原因不适宜在部队继续服现役的。

7. 实行全程退役的士官退出现役后怎么安置？

答：部队对符合全程退役条件的士官应严格把关，列入年度退役计划，统一下达退役命令。地方安置部门应按照相关规定予以接收，落实与其实际服役年限、立功受奖等情形相对应的待遇。

士兵被开除军籍或除名的，离队时不予办理退役手续，由入伍前户籍所在地公安部门办理落户手续，不享受退役士兵相关待遇。

8. 退役士兵的"服现役年限"如何计算？

答：根据《中国人民解放军现役士兵服役条例》第五条第二款规定，士兵服现役年限"自兵役机关批准服现役之日起，至部队下达退役命令之日止计算"。士兵服役期间被处以刑罚、劳动教养的，服刑和劳动教养时间不计入服现役年限。

9. 战时荣获三等功以上奖励的"战时"如何理解？

答：《中华人民共和国刑法》第四百五十一条规定，战时，"是指国家宣布进入战争状态、部队受领作战任务或者遭敌突然袭击时。""部队执行戒严任务或者处置突发性暴力事件时，以战时论"。上述情况下荣立的三等功，按"战时三等功"认定。

10. 因战致残是如何界定的？

答：根据《军人抚恤优待条例》规定，符合下列情形之一的，

摄影：沈玲

都可以评定为因战致残：对敌作战负伤致残的；因执行任务遭敌人或者犯罪分子伤害致残，或者被俘、被捕后不屈遭敌人折磨致残的；为抢救和保护国家财产、人民生命财产或者执行反恐怖任务和处置突发事件致残的；因执行军事演习、战备航行飞行、空降和导弹发射训练、试航试飞任务以及参加武器装备科研试验致残的；在执行外交任务或者国家派遣的对外援助、维持国际和平任务中致残的。

11. 烈士子女是如何认定的？

答：士兵的父亲或母亲有一方被批准为烈士的，士兵本人即为烈士子女。士兵与其养父、养母收养关系依法确立，其养父、养母有一方被批准为烈士的，也是烈士子女。

12. 哪些退役士兵可以办理退休安置？

答：《退役士兵安置条例》第四十一条规定，中级以上士官符合下列条件之一的，可以作退休安置：

（1）年满 55 周岁的；

（2）服现役满 30 年的；

（3）因战、因公致残被评定为 1 级至 6 级残疾等级的；

（4）经军队医院证明和军级以上单位卫生部门审核确认因病基本丧失工作能力的。

2011 年 11 月 1 日前已经批准作退休安置的初级士官，按照《退役士兵安置条例》施行前政策继续移交地方安置；《退役士兵安置条例》施行后（2011 年 11 月 1 日以后），不再批准初级士官作退休安置。

13. 我是一名义务兵，在服役期间因公致残被评定为 4 级，基本丧失了劳动能力，退伍后生活、医疗怎么保障？

答：《退役士兵安置条例》第四十二条规定，被评定为 1 级至 4 级残疾等级的义务兵和初级士官退出现役的，由国家供养终身。

《退役士兵安置条例》第四十三条规定，因战、因公致残被评定为 1 级至 4 级残疾等级的中级以上士官，本人自愿放弃退休安置的，可以选择由国家供养。

14. 复工、复职、复学的退役士兵，其安置方式如何认定？

答：复工、复职、复学的退役士兵，其安置方式按自主就业对待，享受安置地自主就业退役士兵同等待遇，地方安置部门不再出具安排工作介绍信。大学生士兵退役后继续完成学业的，由征集地人民政府发放自主就业一次性经济补助，享受教育资助等优惠政策。

15. 退役士兵安置地是如何规定的？

答：一般情况下，退役士兵安置地为退役士兵入伍时的户口所在地，但符合规定条件的，也可以易地安置。入伍时是普通高等学校在校学生的退役士兵，如果退出现役后不复学，其安置地为入学前的户口所在地。

16. 易地安置有哪些条件？

答：退役士兵有下列情形之一的，可以易地安置：

（1）服现役期间父母户口所在地变更的，可以在父母任何一方的现户口所在地安置；

（2）符合军队有关现役士兵结婚规定且结婚满2年的，可以在配偶或者配偶父母任何一方户口所在地安置；

（3）因其他特殊情况，由部队师（旅）级单位出具证明，经省级以上人民政府退役士兵安置工作主管部门批准易地安置的。

结婚满2年，是指自士官夫妻双方到婚姻登记机关登记并领取结婚证书之日起，至士官被批准退出现役之日止满2周年。

其他特殊情况通常指：一是国家和军队建设需要，由省级以上人民政府安置部门批准；二是需要照顾就医、就业、生活困难的残疾退役士兵；三是符合政府安排工作条件、自行找到接收安置单位的退役士兵；四是服役期间有重大立功受奖表现，当地政府和有关用人单位愿意接收安置的退役士兵。

易地安置落户到国务院确定的超大城市，还应符合其关于落户的相关政策规定。

17. 退役士兵申请易地安置由什么机关批准？

答：申请在同一省级行政区域内易地安置的，由该省级人民政府退役士兵安置工作主管部门审核批准。由政府安排工作、国家供养的退役士兵，符合跨省（自治区、直辖市）易地安置条件的，由军队大单位汇总上报中央军委政治工作部主管部门统一审核，并经国务院退役士兵安置工作主管部门审批后下达计划。作退休安置的，参照军官退休的有关规定执行。

18. 退役士兵申请易地安置的程序是什么？

答：由本人申请，军队相关单位审核，省级以上人民政府退役士兵安置工作主管部门批准。

19. 退役士兵申请易地安置需要提供哪些材料？

答：按民政部办公厅、总参谋部军务部《退役士兵档案移交审核工作规程（试行）》（参务〔2013〕360号）的规定办理。具体是：

（1）随配偶易地安置的退役士兵，需提供结婚证原件、配偶居民身份证复印件、户口本原件（或集体户口复印件盖户籍单位专用章）、工作单位证明信（无工作单位的由社区居委会或村委会证明）；

（2）随父母易地安置的退役士兵，需提供父母居民身份证复印件、户口本原件（或集体户口复印件盖户籍单位专用章）、工作单位证明信（无工作单位的由社区居委会或村委会证明）；

（3）随配偶父母易地安置的退役士兵，需提供配偶父母居民身份证复印件、户口本原件（或集体户口复印件盖户籍单位专用章）、工作单位证明信（无工作单位的由社区居委会或村委会证明）、结婚证原件、配偶与其父母的关系证明。

地方安置部门审核时需要查证居民身份证等材料原件的，可以要求安置对象提供有关原件。审核发现弄虚作假的，退役士兵安置主管部门不批准易地安置申请，并将有关情况通报相关部队单位。相关部队单位应根据有关规定对造假者作出处理后按实际情况移交。

20. 易地安置的退役士兵能否享受安置地士兵同等的安置待遇？

答：能。《退役士兵安置条例》第十一条规定，易地安置的退役士兵享受与安置地退役士兵同等安置待遇。

21. 自主就业的退役士兵是否可以不回安置地报到？报到时间是如何规定的？

答：不可以。《退役士兵安置条例》第十三条规定，自主就业的退役士兵应当自被批准退出现役之日起 30 日内，持退出现役证件、介绍信到安置地县级人民政府退役士兵安置工作主管部门报到。报到时间通常在每年的 12 月至翌年 1 月。

22. 安排工作的退役士兵报到时间是如何规定的？

答：对集中移交安排工作的退役士兵，按照安置地省级人民政府安置工作主管部门签发的《退役士兵接收安置通知书》规定的时间，持《退役士兵接收安置通知书》、退出现役证件和行政介绍信到规定的安置地人民政府退役士兵安置工作主管部门报到，通常在每年的 4 月至 6 月。

对分散移交安排工作的退役士兵，按照自主就业退役士兵报到规定执行。

23. 退役士兵无正当理由不按照规定时间报到的，怎么办？

答：退役士兵无正当理由不按照规定时间报到超过 30 天的，视为放弃安置待遇。如自主就业安置的，不再享受地方人民政府发放的一次性经济补助等待遇；符合人民政府安排工作条件的，不再享受地方人民政府安排工作的待遇。其档案按规定转入有资质的公共人才服务机构或退役士兵户籍地街道办事处、乡镇人民政府管理。

24. 退役士兵因家庭成员发生重大伤亡、因受灾家庭遭受重大损失、本人突发重大疾病等不可预知的客观原因，不能按时报到、上岗的，怎么办？

答：士兵退出现役后应该按规定时限到安置地主管部门报到。确因家庭发生重大变故、突发重大疾病、发生意外事故等特殊情况，不能按时报到的，退役士兵有能力时应及时与安置地安置工作主管部门取得联系、说明情况，申请延期报到。

25. 退役士兵的档案如何移交管理？

答：退役士兵所在部队应当按照国家档案管理的有关规定，在士兵退役时将其档案及时移交安置地县级以上人民政府退役士兵安置工作主管部门。自主就业的退役士兵的档案，由安置地退役士兵安置工作主管部门按照国家档案管理有关规定，结合当地实际情况，移交给有资质的公共人才服务机构托管或退役士兵户口所在地街道办事处、乡（镇）人民政府管理。由政府安排工作的退役士兵的档案，由安置工作主管部门移交退役士兵接收单位人事（人力资源）部门管理。大学生士兵复学的，其档案由征集地安置工作主管部门移交入伍前的院校；不复学的，由入学前户口所在地负责接收，按自主就业退役士兵政策做好档案移交管理工作。退休、供养的退役士兵档案，由安置工作主管部门移交军休服务管理机构或荣誉军人康复医院、精神病医院等有关服务管理机构管理。

26. 退役士兵档案要件主要包括哪些内容？

答：退役士兵档案要件主要包括以下 8 个方面的内容：

（1）入伍材料：①应征公民入伍登记表；②应征公民入伍批准书（1990 年 3 月以前入伍为应征公民入伍登记表）；③应征公民政治审查表（1990 年 3 月以前入伍为应征公民入伍登记表）；④应征公民体格检查表；⑤士兵登记表（1990 年冬季以前入伍的士兵无此表）。从非军事部门直接招收的士官还应有学历专业审定表、专业技能考核评定表等。院校毕业的士官还应有士官学员入学批准书（1998 年、1999 年为军士长学员入学批准书）、士官学员毕业分配表。

（2）党（团）材料：①入党（团）志愿书；②优秀党（团）员登记表等。

（3）级别、军衔、职务材料：①士兵军衔报告（登记）表；②士官军衔晋升报告表；③士官选取注册登记表（1979 年至 1990 年选改的志愿兵为志愿兵申请表，1991 年至 1998 年选取的士官为选改专业军士报告表，1999 年至 2009 年选取的士官为士官选取报告表）；④士官选取考评登记表；⑤士官年度考评登记表等。代理过干部职务的还应有《士官代理干部职务报告表》。

（4）奖惩材料：受过奖励的应有个人奖励登记（报告）表等；受过处分的应有处分登记（报告）表等。

（5）病情鉴定和评残材料：①军人体系医院或上级医院诊断证明；②军人因病基本丧失工作能力医学鉴定表；③军人残疾等级评

定表。

（6）生活待遇材料：①调整工资审批表；②士官配偶随军（调）审批表；③士官随军配偶生活困难补助审批报告表；④退休士官增加退休费审批表等。(根据退役士兵的不同情况提供)

（7）退出现役材料：①义务兵退出现役登记表；②士官退出现役登记表；③退休士官安置登记表；④易地安置材料（根据退役士兵的不同情况提供）。易地安置的并相应提供结婚证、配偶户口本和身份证、配偶所在单位证明，或父母、配偶父母户口本、身份证等证明材料原件。

（8）其他相关材料：①职业资格、学历、学位材料；②各种教育培训材料；③本人公民身份证号码登记材料等。

摄影：李唐

27. 退役士兵到安置地后如何落户？

答：退役士兵安置工作主管部门应当于退役士兵报到时为其开具落户介绍信。公安机关凭退役士兵安置工作主管部门开具的落户介绍信，为退役士兵办理户口登记。

28. 士兵退役后发生的问题，怎么解决？

答：《退役士兵安置条例》第十六条规定，退役士兵发生与服役有关的问题，由其原部队负责处理；发生与安置有关的问题，由安置地人民政府负责处理。

29. 从非军事部门直接招收的士官退役后能否安排工作？

答：《退役士兵安置条例》施行前（2011年11月1日以前）从非军事部门直接招收的士官，其服现役虽不满12年但满上士军衔规定年限的，在《退役士兵安置条例》施行以后退出现役，可以选择按《退役士兵安置条例》施行前政策由政府安排工作或自谋职业；《退役士兵安置条例》施行后（2011年11月1日以后）从非军事部门直接招收的士官，符合《退役士兵安置条例》第二十九条规定且未选择自主就业安置的，退出现役后由人民政府安排工作。

30. 符合安排工作条件的退役士兵到安置地民政部门报到后，通常多长时间安排工作？

答：《退役士兵安置条例》第三十五条规定，安置地人民政府应当在接收退役士兵的 6 个月内，完成本年度安排退役士兵工作的任务。

31. 安排工作的退役士兵在待安排工作期间，能否向政府申请生活费？

答：安排工作的退役士兵在待安排工作期间，由安置地人民政府按照不低于当地上年度最低工资标准逐月发给生活补助费。

32. 安排工作的退役士兵待安排工作期间算不算工龄？

答：由人民政府安排工作的退役士兵，服现役年限和符合《退役士兵安置条例》规定的待安排工作时间计算为工龄，享受所在单位同等条件人员的工资、福利待遇。

33. 接收安置单位应在安置部门开出安置介绍信后多长时间安排退役士兵上岗？

答：《退役士兵安置条例》第三十六条规定，接收安置单位应

摄影：杨新跃

在退役士兵安置工作主管部门开出介绍信 1 个月内，安排退役士兵上岗。

34. 哪些单位应该接收安置退役士兵？

答：《中华人民共和国兵役法》第六十四条规定，机关、团体、企业事业单位有接收安置退出现役军人的义务，在招收录用工作人员或者聘用职工时，同等条件下应当优先招收录用退出现役军人；对符合政府安排工作条件的退出现役军人，应当按照国家安置任务和要求做好落实工作。

35. 机关、事业单位和国有企业接收安排工作退役士兵的比例如何规定？

答：《关于进一步加强由政府安排工作退役士兵就业安置工作的意见》（退役军人部发〔2018〕27 号）规定，由政府安排工作退役士兵安置到机关、事业单位和国有企业的比例不低于80%。

36. 接收安置单位与安排工作的退役士兵最少签订几年合同？

答：《退役士兵安置条例》第三十六条规定，接收安置单位应与安排工作的退役士兵依法签订期限不少于 3 年的劳动合同或者聘用合同。《关于深入贯彻〈退役士兵安置条例〉扎实做好退役士兵安置工作意见的通知》（国办发〔2013〕78 号）规定，军龄 10 年以上的，接收的企业应当与其签订无固定期限劳动合同。《关于进一步加强由政府安排工作退役士兵就业安置工作的意见》（退役军人部发〔2018〕27 号）规定，军龄 10 年以上的，接收的事业单位应当与其签订期限不少于 3 年的聘用合同。

37. 安排工作的退役士兵所在单位倒闭或裁员怎么办？

答：《退役士兵安置条例》第三十六条规定，在安排工作退役士兵与接收安置单位签订的合同存续期内单位依法关闭、破产、改制的，退役士兵与所在单位其他人员一同执行国家的有关规定。接收退役士兵的单位裁减人员的，应当优先留用退役士兵。

38.接收安置单位对安排工作的退役士兵，不按规定安排上岗该怎么办？

答：《退役士兵安置条例》第三十八条规定，非因退役士兵本人原因，接收安置单位未按照规定安排退役士兵上岗的，应当从所在地人民政府退役士兵安置工作主管部门开出介绍信的当月起，按照不低于本单位同等条件人员平均工资 80% 的标准逐月发给退役士兵生活费至其上岗为止。

39. 对安排工作的残疾退役士兵有哪些特殊保护政策？

答：《退役士兵安置条例》第三十九条规定，对安排工作的残疾退役士兵，所在单位不得因其残疾与其解除劳动关系或者人事关系。安排工作的因战、因公致残退役士兵，享受与所在单位工伤人员同等的生活福利和医疗待遇。

40.符合安排工作条件的退役士兵回到地方后，放弃安排工作待遇，有没有经济补助？

答：有。选择由政府安排工作的退役士兵回到地方后又放弃安排工作待遇的，经本人申请确认后，由安置地人民政府按照其在部

摄影：李建红

队选择自主就业应领取的一次性退役金和地方一次性经济补助金之和的 80%，发给一次性经济补助金。

41.符合安排工作条件的退役士兵回到地方后，放弃安排工作待遇，在就业创业方面有何优惠政策？

答：按规定享受自主就业退役士兵的各项优惠政策。

42.地方政府为符合安排工作条件的退役士兵安排岗位的总体原则是什么？

答：把退役士兵服役期间的表现作为安排工作的主要依据，结合量化评分情况进行排序选岗，使服役时间长、贡献大的退役士兵能够优先选岗。

43.符合安排工作条件的退役士兵，安排工作后是否可以要求重新安排？

答：不可以。安置地人民政府只负责保障安排工作退役士兵第一次就业。

44. 退役士兵不服从政府安排工作怎么办？

答：《退役士兵安置条例》第四十条规定，符合安排工作条件的退役士兵无正当理由拒不服从安置地人民政府安排工作的，视为放弃安排工作待遇。

45.政府安排工作的退役士兵在待安排工作期间被依法追究刑事责任的怎么办？

答：退役士兵在待安排工作期间被依法追究刑事责任的，取消其由政府安排工作的待遇。

46.符合政府安排工作条件的退役士兵，档案如何转递到地方？什么时间到地方安置部门报到？

答：符合政府安排工作条件的士官，其档案实行集中审理交接的办法，一般从翌年的 1 月开始，至 4 月底结束；集中交接的政府安排工作退役士官的工资，由部队发至翌年 7 月 31 日；集中交接的档案材料，由军队各大单位军务部门分别向有关省级安置部门进行移交；各省级安置部门应及时审核档案材料，对符合规定条件的签发《接收安置通知书》，对有疑义的及时与大单位军务部门沟通，对不符合规定条件的，应及时将档案材料退回军队大单位军务部门，并说明退档原因；集中交接的退役士官接到《接收安置通知书》

摄影：李唐

后，应在规定时间到地方安置部门报到。

符合政府安排工作条件的义务兵，随年度退役士兵集中离队，其津贴补贴由部队发至当年12月31日；档案材料由部队师（旅）、团级单位直接邮寄安置地民政部门，由安置地民政部门组织审核，逐级报省级民政部门审批。

47. 哪些士兵退役后采取自主就业安置方式？

答：不符合安排工作、退休、供养条件的义务兵和服现役不满12年的士官，均采取自主就业方式安置。

符合安排工作条件的退役士兵，也可以选择自主就业方式安置，但应在退役时选择。

48. 自主就业的退役士兵享受哪些待遇？

答：按自主就业方式安置的退役士兵，其在离队时可领取由部队发给的一次性退役金。回地方报到后可领取安置地人民政府发放的一次性经济补助，同时享有教育培训、就业创业、考学等方面的优惠政策。

49. 退役士兵报考公务员、应聘事业单位职位的，在军队服现役经历能否视为基层工作经历？

答：能。《退役士兵安置条例》第四条对此有明确规定。

50. 地方人民政府在当地驻军中定向招录的退役士兵能否享受自主就业退役士兵待遇？

答：《退役士兵安置条例》施行后，地方人民政府在当地驻军中定向招录的退役士兵，因其是竞争上岗，其安置方式视同自主就业，退役时部队发给一次性退役金。其中，退役士兵档案由部队转递（送达）原征集地安置部门，且本人在规定时限内报到的，享受原征集地自主就业退役士兵的相关待遇；退役士兵档案未转递（送达）原征集地的，自主就业的相关待遇由招录地人民政府确定，不再享受原征集地自主就业退役士兵的相关待遇。

51. 自主就业退役士兵退役时可领取多少一次性退役金？

答：士兵服现役每满 1 年，发给 4500 元。士兵服现役不满 6 个月的按照 6 个月计算，超过 6 个月不满 1 年的按照 1 年计算。服役期间获得荣誉称号或者立功的退役士兵，按照下列比例增发一次性退役金：获得中央军事委员会、军队军区级单位授予荣誉称号，或者荣获一等功的，增发 15%；荣获二等功的，增发 10%；荣获三等功的，增发 5%。

52.多次获得荣誉称号或者立功的退役士兵，能否累计 增发一次性退役金？

答：不能。应按照其中最高等级奖励的增发比例，增发一次性退役金。

53. 退役士兵领取的退役金需要缴纳个人所得税吗？

答：不需要。《退役士兵安置条例》第十九条规定，一次性退役金和一次性经济补助按照国家规定免征个人所得税。

54. 一次性退役金如何领取？

答：已下达退役命令的士兵，离开部队前由部队后勤财务部门发给一次性退役金专用卡和发放（入账）凭单，士兵本人要进行确认和签收。回到地方后，退役士兵要到安置地县级及以上人民政府民政部门报到，之后持居民身份证、地方安置部门开具的落户介绍信或退役后重新落户的居民户口簿、一次性退役金专用卡，到安置地任意中国农业银行网点激活一次性退役金专用卡后，办理取现或转账等业务（一次性退役金专用卡激活前可查询卡内金额）。

55. 一次性退役金专用卡有哪些优惠？

答：免收工本费、挂失手续费和自开卡之日起1年的年费、小额账户管理费、发卡银行异地支取手续费。

56. 对因病、执行特殊任务等原因推迟退役，不能按规定时间到地方安置部门报到的士兵，如何办理一次性退役金发放事宜？

答：可以按照《自主就业退役士兵一次性退役金发放管理办法（试行）》在退役时单独办理。

57. 对因发生意外事故、遭遇自然灾害等特殊原因，退役士兵本人不能办理支取一次性退役金手续的，如何支取一次性退役金？

答：经人民政府和军队有关部门确认后，按照有关规定可以委托代理人支取一次性退役金。

58. 一次性退役金专用卡遗失或损坏了怎么办？

答：尚未激活的，持支取一次性退役金相关资料，到安置地中国农业银行网点办理挂失手续；已经激活的，持居民身份证到中国农业银行网点办理挂失手续。

59. 自主就业退役士兵被行政机关或财政补助的事业单位录用后，是否要退回已领取的一次性退役金和一次性经济补助？

答：自主就业退役士兵通过竞争机制实现就业，不需要退回已经领取的一次性退役金和一次性经济补助。

60. 自主就业退役士兵可免费参加当地政府组织的职业教育和技能培训吗？

答：可以。《国务院 中央军委关于加强退役士兵职业教育和技能培训工作的通知》（国发〔2010〕42号）对此有明确规定。

摄影：李唐

61. 组织自主就业的退役士兵参加免费职业教育和技能培训有哪些基本要求？

答：政府组织退役士兵参加职业教育和技能培训，要坚持以促进就业为目的，以市场需求为导向，以中等职业教育和技能培训为主体，以高等职业教育、成人教育和普通高等教育为补充，本着退役士兵自愿参加、自选专业、免费培训的原则，以省或市（地）为单位统一组织实施，力求通过职业教育和技能培训，使大多数退役士兵取得相应学历证书或职业资格证书。

62. 自主就业的退役士兵参加政府组织的职业教育和技能培训，期限有多长？

答：退出现役1年内可以选择免费参加职业教育和技能培训，教育培训期限一般为2年，最短不少于3个月。具体期限由各地根据当地实际情况规定。

63. 自主就业的退役士兵可以自己选择免费教育培训机构吗？

答：应在政府确定的承担退役士兵免费教育培训任务的各级各类院校和机构中选择。

摄影：李唐

64.对参加免费教育培训的退役士兵在校期间的管理有什么要求？

答：退役士兵学员原则上与教育培训机构内的其他学员混合编班，按照教育培训机构制定的规章制度接受教育管理。月到课时数不足规定课时数 60% 的退役士兵学员，不予发放生活补助费。退役士兵学员应继续发扬军人的优良作风，树牢自律意识和纪律观念，不断强化自我管理。

65.退役士兵要求在安置地以外的地方接受教育培训，政策允许吗？

答：为方便退役士兵选择心仪的教育培训机构，切实掌握一技之长,《民政部 财政部 总参谋部关于加强和改进退役士兵教育培训工作的通知》(民发〔2014〕11号)明确规定,要"逐步开展省级行政区域内易地教育培训",允许退役士兵在安置地省级行政区域内的承训机构中易地选择教育培训机构。退役士兵可凭《士兵(士官)退出现役证》、安置地民政部门证明向培训机构所在地民政部门申请,经省(自治区、直辖市)民政厅(局)审核同意后,易地参加教育培训,所需交通费、保险费等额外费用由退役士兵本人自理。毕业后,凭毕业证书、职业资格证书、学费收据向安置地民政部门申请,按不超过安置地相关教育培训标准据实报销。

2018年新制定的《关于促进新时代退役军人就业创业工作的意见》(退役军人部发〔2018〕26号)规定:"经省级退役军人事务部门同意,退役军人可以参加跨省异地教育培训。"

66. 自主就业退役士兵参加免费教育培训由哪个部门组织?怎么开展?

答:《国务院 中央军委关于加强退役士兵职业教育和技能培训工作的通知》(国发〔2010〕42号)规定,要建立由民政部门牵头,教育、财政、人力资源和社会保障与军队有关部门参加的工作机制,统筹协调、组织指导退役士兵职业教育和技能培训工作。民政、教育、人力资源和社会保障等部门根据实际情况,指导教育培训机构针对退役士兵学员的文化水平、自身特点和就业需求,制定相适应的职业教育和技能培训计划和大纲,并采取学分制、半工半读、工学结合等多种学习模式，加大实际操作课程比例，重点培训就业所需的知识和一些专业技能。

67. 退役士兵教育培训承训单位的质量如何保障？

答：建立退役军人职业技能承训机构目录、承训企业目录和普通高校、职业学校目录，及时向社会公开并实行定期考核、动态管理。各类目录由省级退役军人事务部门每年发布。加强对承训单位教育培训质量考核，建立激励机制。

68. 退役士兵参加教育培训后能获得职业资格证书吗？

答：参加教育培训的退役士兵，毕业后由教育培训机构发给职业资格证书或学历证书。

69. 退役士兵就读中等职业学校有哪些优惠政策？

答：《教育部关于进一步落实好退役士兵就读中等职业学校和高等学校相关政策的通知》（教职成函〔2014〕4号）明确规定，退役士兵申请就读中等职业学校，经学校考核同意，可免试入学，并纳入年度招生计划。凡就读中等职业学校具有全日制正式学籍的退役士兵，可享受国家资助政策。

摄影：陈俨

70. 退役士兵就读成人高等学校有哪些优惠政策？

答：《教育部关于进一步落实好退役士兵就读中等职业学校和高等学校相关政策的通知》（教职成函〔2014〕4号）明确规定，退役士兵参加全国成人高考，省级成招办可以在考生考试成绩基础上增加10分投档。应征入伍服义务兵役退役的普通高职（专科）毕业生，凭身份证、普通高职（专科）毕业证、士兵退役证，可申请免试就读所在省（区、市）的成人高校专升本。

71. 退役士兵就读普通高等学校有哪些优惠政策？

答：《教育部关于进一步落实好退役士兵就读中等职业学校和高等学校相关政策的通知》（教职成函〔2014〕4号）明确规定：

（1）自主就业退役士兵可在高考成绩总分基础上加10分投档；服役期间荣立二等功以上或被大军区以上单位授予荣誉称号的，可在其统考成绩总分的基础上增加20分投档。

（2）普通高校应届毕业生应征入伍服义务兵役退役后的学生，3年内参加全国硕士研究生考试，初试总分加10分并在同等条件下优先录取。服役期间获二等功以上奖励且符合报考条件的，可免试攻读研究生。

（3）入伍前已被高校录取并保留入学资格或保留学籍的，退役后2年内允许入学或复学，享受奖学金、助学金和减免学费等优待，家庭经济困难的，按照国家有关规定给予资助。入学后或者复学期间可以免修军事技能训练，直接获得学分。入学或者复学后参加国防生选拔、参加国家组织的农村基层服务项目人选选拔，以及毕业后参加军官人选选拔的，优先录取。

（4）省级行政部门指定的部分省属公办本科普通高校举办普通专科起点升本科教育，采取计划单列、自愿报名、统一考试、单独录取的办法，面向本省（区、市）具有普通高职（专科）毕业学历的退役士兵招生。学生在校学习时间一般为2年。

（5）具有高中学历的复转军人纳入各地高等职业学校单独招生范围。

72. 自主就业退役士兵参加教育培训后如何就业？

答：参加教育培训的退役士兵主要通过三种途径实现就业：一是开展校企合作，通过培训机构与企业单位合作实现就业；二是适应社会需求，由就业机构搭建就业平台，积极推进就业；三是落实自主就业优惠政策，鼓励退役士兵自主创业。

73. 退役士兵退出现役 1 年以上的，参加职业培训享受哪些优惠政策？

答：退役士兵退出现役 1 年以上参加职业培训的，按《国务院关于加强职业培训促进就业的意见》（国发〔2010〕36 号）规定的政策执行。优惠政策主要有：培训合格并通过技能鉴定取得初级以上职业资格证书（未颁布国家职业技能标准的职业应取得专项职业能力证书或培训合格证书），根据其获得职业资格证书或就业情况，按规定给予培训费补贴；企业新录用的符合职业培训补贴条件的劳动者，由企业依托所属培训机构或政府认定培训机构开展岗前培训的，按规定给予企业一定的培训费补贴。对通过初次职业技能鉴定并取得职业资格证书或专项职业能力证书的，按规定给予一次性职业技能鉴定补贴。

摄影：刘芳

74. 对退役1年以上考入全日制普通高等学校的自主就业退役士兵，有什么优惠政策？

答：对退役1年以上考入全日制普通高等学校（包括全日制普通本科学校、全日制普通高等专科学校和全日制普通高等职业学校）的自主就业退役士兵，可以按照《财政部 教育部 民政部 总参谋部 总政治部关于实施退役士兵教育资助政策的意见》（财教〔2011〕538号）和《财政部 教育部 中国人民银行 银监会关于调整完善国家助学贷款相关政策措施的通知》（财教〔2014〕180号）规定，享受教育资助政策。包括学费资助、家庭经济困难退役士兵学生生活费资助、其他奖助学金资助。其中，学费资助标准：本专科学生每人每年最高不超过 8000 元、研究生每人每年最高不超过 12000 元。

75. 对退役 1 年以上考入全日制普通高等学校的自主就业退役士兵的教育资助方式和期限是怎样规定的？

答：资助的学费，由财政、教育部门按程序补助退役士兵学生所在学校；生活费及其他奖助学金资助，直接补给退役士兵学生本人。资助期限包含全日制普通高等学历教育一个学制期。

76. 对退役 1 年以上考入全日制普通高等学校的自主就业退役士兵的教育资助流程是怎样规定的？

答：自主就业退役士兵自愿参加全国统一高考，被全日制普通高等学校录取并到学校报到后，向学校提出"教育资助申请"；地方所属学校核实学生信息后，在开学后 10 个工作日内将录取退役士兵人数和所录专业收费标准汇总报送当地学生资助管理中心；当地学生资助管理中心审核汇总后，在 10 个工作日内报全国学生资助管理中心。中央部门所属学校按上述时间要求向主管部门报送相关信息，经主管部门审核汇总后报全国学生资助管理中心；全国学生资助管理中心对申报信息进行审核汇总后，在 20 个工作日内上报财政部；财政部会同全国学生资助管理中心对上报数据进行审核后，在 20 个工作日内下拨资助资金。其中，中央部门所属学校的资金由中央财政通过中央部门下拨到所属学校；地方所属学校的资金，先拨付到地方财政，再由地方财政按隶属关系拨付到学校。

77. 在普通高等学校就学期间入伍的士兵，退役后人民政府安排工作吗？

答：符合《退役士兵安置条例》第二十九条规定条件的，可以由人民政府安排工作。

78. 大学生士兵退役后就业有哪些优惠政策？

答：应征入伍的高校毕业生退役后报考政法干警招录培养体制改革试点招生时，教育考试笔试成绩总分加 10 分。报考公务员、应聘事业单位职位的，在军队服现役经历视为基层工作经历，同等条件下应当优先录用或者聘用。在军队服役 5 年（含）以上的高校毕业生士兵退役后可以报考面向服务基层项目人员定向考录的职位，同服务基层项目人员共享公务员定向考录计划，优先录用建档立卡贫困户家庭高校毕业生退役士兵。各地特别是边疆地区、深度贫困地区结合实施乡村振兴、脱贫攻坚等战略，设置一定数量基层公务员职位面向退役军人招考，西藏和四川、云南、甘肃、青海四省藏区以及新疆南疆地区县乡逐步扩大招考数量。

79. 政府在加强退役军人就业服务方面有哪些具体举措？

答：《关于促进新时代退役军人就业创业工作的意见》（退役军人部发〔2018〕26号）规定，各级公共就业服务机构设立退役军人窗口或实行退役军人优先制度，为其提供便捷高效服务。县级以上地方人民政府每年至少组织2次退役军人专场招聘活动，为其就业搭建平台。国家鼓励专业人力资源企业和社会组织为退役军人提供免费服务。退役军人下岗失业的，及时纳入再就业帮扶范围。单位依法关闭、破产、改制的，当地人民政府优先推荐退役军人再就业。

80. 在普通高等学校就学期间入伍的士兵，在新兵检疫复查期间被退回或者因身体原因在服役期间被安排退役的，可以复学吗？

答：可以。学校应允许他们复学。

81. 在普通高等学校就学期间入伍的士兵，哪些情况下不能复学？

答：大学生士兵服现役期间受除名、开除军籍处分或被劳动教养、判刑的，不予复学，部队保卫部门负责通报其就读学校，按规定送回入学前户口所在地。

82.普通高校毕业生应征入伍服义务兵役期满退出现役后，政府负责安排工作吗？

答：普通高校毕业生应征入伍服义务兵役期满退出现役的，如符合《退役士兵安置条例》规定的安排工作条件，可以选择由政府安排工作；如不符合，按自主就业方式安置。需要说明的是，入伍高校毕业生退出现役后，可参照普通高等学校应届毕业生，凭用人单位录（聘）用手续，向原就读高校再次申请办理就业报到证。申请办理就业报到证的期限从退出现役当年的 12 月 1 日起，至次年12 月 31 日止。各地公安部门依据退出现役高校毕业生所持的《全国普通高等学校毕业生就业报到证》，为其办理从原籍到工作所在地的户口迁移手续。

83.对自主就业退役士兵的就业创业，国家在税收方面有哪些优惠政策？

答：为扶持自主就业退役士兵就业创业，国务院办公厅（2004年）、财政部、税务总局、民政部等部门（2014 年、2017 年）已出台文件，明确了自主就业退役士兵在就业服务、小额贷款、个体经营减免费用和税收等方面的优惠政策。退役军人事务部成立后，2018 年 7 月联合军地 12 个部门出台了《关于促进新时代退役军人就业创业工作的意见》（退役军人部发〔2018〕26 号）；2019 年 2月会同财政部、税务总局共同出台了《关于进一步扶持自主就业退役士兵创业就业有关税收政策的通知》（财税〔2019〕21号），扶持自主就业退役士兵就业创业的税收优惠政策更加细化、实化，优惠范围更广，优惠幅度更大。具体政策有：

（1）自主就业退役士兵从事个体经营的，自办理个体工商户登记当月起，在3年（36个月，下同）内按每户每年12000元为限额依次扣减其当年实际应缴纳的增值税、城市维护建设税、教育费附加、地方教育附加和个人所得税。限额标准最高可上浮20%，各省、自治区、直辖市人民政府可根据本地区实际情况在此幅度内确定具体限额标准。

纳税人年度应缴纳税款小于上述扣减限额的，减免税额以其实际缴纳的税款为限；大于上述扣减限额的，以上述扣减限额为限。纳税人的实际经营期不足1年的，应当按月换算其减免税限额。换算公式为：减免税限额＝年度减免税限额÷12×实际经营月数。城市维护建设税、教育费附加、地方教育附加的计税依据是享受本项税收优惠政策前的增值税应纳税额。

（2）企业招用自主就业退役士兵，与其签订1年以上期限劳动合同并依法缴纳社会保险费的，自签订劳动合同并缴纳社会保险当月起，在3年内按实际招用人数予以定额依次扣减增值税、城市维护建设税、教育费附加、地方教育附加和企业所得税优惠。定额标准为每人每年6000元，最高可上浮50%，各省、自治区、直辖市人民政府可根据本地区实际情况在此幅度内确定具体定额标准。

企业按招用人数和签订的劳动合同时间核算企业减免税总额，在核算减免税总额内每月依次扣减增值税、城市维护建设税、教育费附加和地方教育附加。企业实际应缴纳的增值税、城市维护建设税、教育费附加和地方教育附加小于核算减免税总额的，以实际应缴纳的增值税、城市维护建设税、教育费附加和地方教育附加为限；实际应缴纳的增值税、城市维护建设税、教育费附加和地方教育附加大于核算减免税总额的，以核算减免税总额为限。

纳税年度终了，如果企业实际减免的增值税、城市维护建设税、教育费附加和地方教育附加小于核算减免税总额，企业在企业所得税汇算清缴时以差额部分扣减企业所得税。当年扣减不完的，不再结转以后年度扣减。

自主就业退役士兵在企业工作不满 1 年的，应当按月换算减免税限额。计算公式为：企业核算减免税总额＝Σ每名自主就业退役士兵本年度在本单位工作月份 ÷12× 具体定额标准。

城市维护建设税、教育费附加、地方教育附加的计税依据是享受本项税收优惠政策前的增值税应纳税额。

（3）企业招用自主就业退役士兵既可以适用本通知规定的税收优惠政策，又可以适用其他扶持就业专项税收优惠政策的，企业可以选择适用最优惠的政策，但不得重复享受。

（4）以上税收政策执行期限为 2019 年 1 月 1 日至 2021 年 12 月 31 日。纳税人在 2021 年 12 月 31 日享受本通知规定税收优惠政策未满 3 年的，可继续享受至 3 年期满为止。《财政部　税务总局　民政部关于继续实施扶持自主就业退役士兵创业就业有关税收政策的通知》（财税〔2017〕46 号）自 2019 年 1 月 1 日起停止执行。

84.对自主就业创业的退役士兵，工商行政管理部门有哪些照顾？

答：《工商总局关于进一步发挥工商行政管理职能作用做好退役士兵安置工作的通知》（工商个字〔2013〕163号）规定：

（1）各地要专门设立退役士兵工商登记注册窗口，更有针对性地为退役士兵提供"一站式"开业指导、注册登记和跟踪服务。退役士兵工商登记注册专门窗口应及时张贴、更新宣传材料，免费发放工商法规、国家政策宣传手册和办事指南。

（2）退役士兵从事个体经营的，自其首次在工商部门注册登记之日起，3年内免收登记类、证照类等有关行政事业性收费。退役士兵自主创业采用其他市场主体形式的，在有关政策规定时间内免收工商登记注册费等行政事业性收费。

（3）引导退役士兵在符合国家产业政策的领域自主创业。指导自主创业的退役士兵运用商标、广告、合同等手段，实施品牌经营和规范化运作，提高企业生存能力和市场竞争能力。

（4）指导各级个私协会加强退役士兵自主就业创业扶持政策宣传，引导退役士兵到个体私营经济领域实现就业或自主创业。动员和引导个体私营企业积极履行社会责任，提供更多就业岗位，吸纳退役士兵就业。

85. 自主就业的退役士兵从事个体经营或创办经济实体资金不足时，如何申请小额担保贷款？

答：可持《士兵退出现役证》《士官退出现役证》向商业银行申请贷款。符合贷款条件的，商业银行应当优先予以信贷支持。

86. 自主就业的退役士兵入伍前有工作单位，退役后还可以回原单位吗？

答：自主就业的退役士兵入伍前是国家机关、社会团体、企业事业单位工作人员或者职工的，退出现役后可以选择复工复职，其工资、福利和其他待遇不得低于本单位同等条件人员的平均水平。

87. 自主就业的退役士兵入伍前承包的农村土地，入伍后还保留吗？

答：士兵服现役期间，入伍前依法取得的农村土地承包经营权，应当保留。其中，通过家庭承包方式承包的农村土地，承包期内政府不得违法收回或者强制流转；通过招标、拍卖、公开协商等非家庭承包方式承包的农村土地，承包期内其家庭成员可以继续承包；承包的农村土地被依法征收、征用或者占用的，与其他农村集体经济组织成员享有同等权利。

88. 自主就业的退役士兵回乡后没有土地怎么办？

答：自主就业的退役士兵回入伍时户口所在地落户，属于农村集体经济组织成员但没有承包农村土地的，可以申请承包农村土地，村民委员会或者村民小组应当优先解决。

89. 残疾退役士兵可以优先享受国家规定的残疾人就业优惠政策吗？

答：可以。《退役士兵安置条例》第二十七条对此进行了明确的规定。

90. 退休士官和国家供养退役士兵的报到时间是如何规定的？怎样办理移交接收安置手续？

答：通常根据移交、接收和安置的条件确定。退休士官的报到程序，参照移交政府安置的军队退休干部的有关规定执行。

国家供养的退役士兵，伤病残情况相对比较严重，特别是患精神病士兵属于限制行为能力人或无民事行为能力人，需要监护人（主要是家属）代为处理相关事务。对经审查符合移交条件的伤病残士兵，安置地人民政府民政部门要及时通知伤病残士兵所在旅、团级部队和监护人进行人员交接。部队接到通知后，应当在士兵监护人的协助下，为伤病残士兵办理退役手续，结算有关经费。部队要指派得力干部护送伤病残士兵到安置地人民政府民政部门报到，并由部队、民政部门和士兵监护人共同办理移交接收安置手续。需要直接住院治疗的，有关精神病医院要派人参加交接，民政部门应协助部队将伤病残士兵送到指定医院。报到时间，按照国务院退役士兵安置工作主管部门和总参谋部的年度计划执行。评定残疾等级的退役士兵，应当在自报到 60 日内向安置地县级民政部门申请转接抚恤关系。

91. 因战 5 级至 6 级残疾中级以上士官，自愿放弃退休安置，可以选择由政府安排工作吗？

答：可以。中级以上士官因战致残被评定为 5 级至 6 级残疾等级，本人自愿放弃退休安置选择由人民政府安排工作的，可按照《退役士兵安置条例》中安排工作退役士兵的相关程序办理。

92. 审定因伤病残作退休安置士官的安置去向有什么规定？

答：伤病残退休士官安置去向审定时，除提供退休士官符合安置去向审定条件的材料外，还应当提供《军人残疾等级评定审批表》或者《士官因病基本丧失工作能力医学鉴定表》。关于伤病残退休士官安置去向的审定工作，是按照 2004 年中共中央办公厅、国务院办公厅、中央军委办公厅有关进一步做好军队离休退休干部移交政府安置管理工作的意见中的有关规定来执行的。

93. 退休士官退役时发放的补助主要包括哪些?

答:退役时发放的补助主要包括:(1)一次性生活补助费。在士官改发退休生活费时发给。(2)安家补助费。是发给退休士官移交地方政府安置时的补助性费用,回农村的标准为8个月本人退休生活费;回城镇的标准为6个月本人退休生活费。(3)家具费。移交政府安置时发放。(4)安置补助费。2009年7月3日之后移交政府安置的1级至6级残疾或因病经鉴定基本丧失工作能力的,可享受安置补助费。(5)移交当年剩余月份生活费。移交政府安置时,其当年剩余月份的退休生活费,由本人所在单位后勤财务部门按照规定标准计算后,一次性拨给安置地民政部门,由民政部门发给本人,从下一年起,其退休生活费由安置地民政部门列入预算并按月发放。

94. 残疾退休士官可以享受哪些生活待遇?

答:主要生活待遇包括:退休费、护理费、残疾抚恤金、特别抚恤金、丧葬费、遗属生活补助费等。

摄影：李唐

95. 退休士官的退休费包括哪些？

答：包括基本退休费、津贴补贴等。基本退休费包括退休时的退休费、退休后增加和计入的退休费，基本退休费可以作为计算有关生活待遇费用的基数。退休时的退休费，是指本人退休时，按百分比和全额计发的退休费之和。退休后增加和计入的退休费，是指当在职士官调整工资时，退休士官也将按本人的退休费计发比例，按规定相应增加的退休费。津贴补贴，是指在移交政府安置前，还可享受相应的津贴补贴，主要包括军人职业津贴、退休生活补贴、地区津贴等。

96. 残疾退休士官能够享受护理费吗？

答：下列残疾军人可以享受护理费：（1）因战、因公被评为1级至4级残疾军人；（2）因病瘫痪、双目失明而生活不能自理，饮食起居需要人扶助的退休士官；（3）因患精神病退休的士官。护理费目前执行的标准是每人每月2300元。

97. 残疾退休士官能够获得抚恤金吗？

答：能。

98. 退休士官在住房保障方面有哪些政策？

答：对退休士官的住房保障政策有以下几个方面：（1）退休士官原则上执行军队统一的住房制度，所需经费由国家和个人合理负担，实行住房补贴、货币补差相结合的办法，稳妥推进住房分配货币化、管理社会化。（2）退休士官的住房补贴所需经费由中央财政专项安排。（3）退休士官购买经济适用住房时，按照规定享受有关税费减免优惠。各地政府要将退休士官住房优先纳入当地经济适用住房建设和开发计划，有关单位在同等条件下应当优先保证供应。（4）退休士官配偶在地方单位工作或者退休符合享受住房补贴的，所在单位在同等条件下应当按照规定优先向其发放住房补贴。

99. 退休士官的医疗保障有哪些？

答：国家实行多层次的医疗保障办法为退休士官提供服务，主要有基本医疗保险、公务员医疗补助、特殊医疗补助等。具体包括：比照安置地国家机关退休公务员参加基本医疗保险和实行公务员医疗补助标准，享受同等职级退休公务员的医疗待遇；所需医疗费用由医疗保险经办机构按照安置地退休公务员的办法筹集，统一管理；在部队参加退役医疗保险的个人账户资金，转入本人基本医疗保险个人账户；享受基本医疗保险和公务员医疗补助后个人自负医疗费较多的，可由安置管理单位给予适当补助。其中，属于1级至6级残疾的，按照民政等部门《一至六级残疾军人医疗保障办法》规定，给予残疾军人医疗补助。

100. 符合国家供养条件的残疾退役士兵是否都集中供养？

答：不是。国家供养分为集中供养和分散供养两种形式。只有符合一定条件才能进行集中供养。

101. 集中供养应符合哪些条件？

答：具备下列条件之一，并经省级人民政府民政部门批准，可以集中供养：（1）因残疾原因需要经常医疗处置的；（2）日常生活需要护理，不便于分散安置照顾的；（3）独身一人不便分散安置的。

符合集中供养条件本人自愿回家休养的，可以选择分散供养。

102. 集中供养的残疾退役士兵在什么地方供养？

答：集中供养经省级人民政府民政部门批准，在安置地省（自治区、直辖市）荣誉军人康复医院等优抚医院进行休养、康复和医疗。安置地无荣誉军人康复医院的，由邻近省荣誉军人康复医院接收。

103. 集中供养的残疾退役士兵享受哪些待遇？

答：（1）移交政府安置时，由军队根据本人伤病残情况发给一次性安置补助费。（2）按照国家有关规定办理残疾抚恤关系转移手续，由县级人民政府民政部门按照规定标准发给残疾抚恤金。（3）按规定由服务管理机构提供的休养、康复和医疗等服务保障。

104. 集中供养的 1 级至 4 级残疾退役士兵享受护理费待遇吗？

答：不享受。这是由于集中供养人员所在的优抚医院已经按照编制比例配备了护理人员，休养员的起居及一般护理有专人负责，不同于分散安置的 1 级至 4 级残疾军人需自请护理人员，所以休养员住院期间不发给护理费。但是，集中供养的 1 级至 4 级残疾军人分散供养以后，应该发给护理费。

105. 分散供养的残疾退役士兵主要待遇是什么？

答：（1）由军队根据本人伤病残情况发给一次性安置补助费；（2）由县级人民政府民政部门发给残疾抚恤金；（3）护理费；（4）购（建）房经费补助；（5）享受其他残疾退役军人同样的社会优待，特别是 1 级至 4 级残疾军人子女还可以享受降分录取、减免学杂费等教育优待。

106. 分散供养的残疾退役士兵按什么标准享受护理费？

答：《军人抚恤优待条例》规定，对分散安置的 1 级至 4 级残疾军人发给护理费，护理费的标准为：（1）因战、因公 1 级和 2 级残疾的，为当地职工月平均工资的 50%；（2）因战、因公 3 级和 4 级残疾的，为当地职工月平均工资的 40%；（3）因病 1 级至 4 级残疾的，为当地职工月平均工资的 30%。退出现役的残疾军人的护理费，由县级以上地方人民政府民政部门发给。

107. 政府按什么标准保障分散供养残疾退役士兵的住房？

答：《退役士兵安置条例》第四十二条规定，分散供养的残疾退役士兵购（建）房所需经费的标准，按照安置地县（市）经济适用住房平均价格和 60 平方米的建筑面积确定；没有经济适用住房的地区按照普通商品住房价格确定。中央财政按规定标准（目前是10 万元 / 人）给予补助，不足部分由地方财政解决。

108. 政府为分散供养残疾退役士兵购（建）房屋的产权归谁？

答：归分散供养的残疾退役士兵所有。

109. 分散供养的残疾退役士兵自己解决住房，政府给钱吗？

答：给。对自行解决住房的，按照规定标准将购（建）房费用发给本人。

110. 伤病残士兵移交安置时可以领多少安置补助？

答：2009 年 7 月 3 日之后移交地方政府安置的伤病残士兵，可享受一次性安置补助费。具体标准是：被评为 1 级至 4 级残疾等级的，每人一次性补助 15000 元；被评为 5 级至 6 级残疾和因病经医学鉴定为基本丧失工作能力的，每人一次性补助 7500 元。一次性安置补助费由部队后勤财务部门发放。

111.残疾士兵退役或者移交政府安置时残疾抚恤金发放是如何规定的？

答：根据2007年7月31日民政部颁发的《伤残抚恤管理办法》，现役残疾军人转业、退伍、离退休移交民政部门安置的，当年的抚恤金由部队负责发给，安置地民政部门从翌年1月起按当地标准发给残疾抚恤金。

112.2018年残疾退役士兵的残疾抚恤金标准是多少？

答：在部队评定残疾等级后退出现役的残疾退役士兵，依照《军人抚恤优待条例》的规定享受残疾抚恤金。根据不同残疾等级和残疾性质，享受相应抚恤待遇，2018年新调整的标准见下表。

（单位：元／年）

残疾等级	残疾性质	抚恤金标准
一级	因战	80140
	因公	77610
	因病	75060
二级	因战	72520
	因公	68710
	因病	66140
三级	因战	63640
	因公	59800
	因病	56010

（续表）

残疾等级	残疾性质	抚恤金标准
四级	因战	52150
	因公	47080
	因病	43260
五级	因战	40740
	因公	35620
	因病	33080
六级	因战	31830
	因公	30120
	因病	25440
七级	因战	24190
	因公	21650
八级	因战	15270
	因公	13980
九级	因战	12680
	因公	10190
十级	因战	8910
	因公	7620

113. 患精神病士兵退役后可以随年度士兵退役直接返回安置地吗？

答：不可以。在服役期间因患精神病评定残疾等级和国家供养安置的义务兵和初级士官，按规定实行计划退役移交安置，一般包括编制下达计划、审查档案、达成协议、人员交接等程序。患精神病经医学鉴定为基本丧失工作能力的中级以上士官，作退休安置，按退休士官规定程序退役移交安置。

114. 患精神病义务兵和初级士官退役移交政府安置后待遇保障有何规定？

答：患精神病义务兵和初级士官退役移交地方后，按《军人抚恤优待条例》规定享受抚恤优待。因病情严重需要住院治疗或独身一人无直系亲属照顾需要看护的，送退役军人事务部门管理的精神病医院。监护人领取残疾抚恤金的，住院伙食费、服装费由监护人支付；监护人领取建房补助经费的，住院床位费由监护人支付。监护人如放弃领取残疾抚恤金、建房补助费等有关经费，可将经费拨给精神病医院，用于患精神病退役士兵的生活、医疗保障。

115. 在部队已评残士兵退役后的医疗怎么保障？

答：根据《军人抚恤优待条例》《一至六级残疾军人医疗保障办法》等法规文件，1级至6级的残疾退役士兵，按规定参加城镇基本医疗保险，并在此基础上享受残疾军人医疗补助。7级至10级残疾退役士兵，因旧伤复发而产生的医疗费用，已经参加工伤保险的，由工伤保险基金支付，未参加工伤保险，有工作的由工作单位解决，没有工作的由当地县级以上地方人民政府负责解决。7级至10级残疾退役士兵，旧伤复发以外的医疗费用，未参加医疗保险且本人支付有困难的，由当地县级以上地方人民政府酌情给予补助。

116. 残疾士兵退出现役后因残疾情况发生严重恶化，原定残疾等级与残疾情况明显不符，可以申请调整残疾等级吗？

答：可以。需有档案记载或者原始医疗证明，由本人（精神病患者由其利害关系人）向当地县级民政部门提出申请。

117. 退役士兵服现役年限可以计算为工龄吗？

答：可以。《退役士兵安置条例》第四十四条规定，退役士兵服现役年限计算为工龄，与所在单位工作年限累计计算，享受国家和所在单位规定的与工龄有关的相应待遇。

118. 退役士兵办理保险关系转移接续手续找哪个部门？

答：《退役士兵安置条例》第四十五条规定，军队的军人保险管理部门与地方的社会保险经办机构，应当按照国家有关规定为退役士兵办理保险关系转移接续手续。对自主就业的退役士兵，凭退

摄影：李唐

役士兵安置工作主管部门出具的介绍信，由社会保险经办机构按照国家有关规定办理保险关系接续手续。对安排工作的退役士兵，由接收单位按照国家有关规定办理保险关系接续手续。

119. 士兵退出现役时是不是都可以领取养老保险补助？

答：不是。采取退休、供养方式安置的退役士兵，均不给予退役养老保险补助。

120. 退役士兵参加养老保险有哪几种方式？

答：主要方式有三种：一是以企业职工的身份参加职工基本养老保险；二是以灵活方式就业人员的身份参加职工基本养老保险；三是以农村或者城镇居民的身份参加新型农村或者城镇居民社会养老保险。

121. 退役士兵的养老保险补助如何计算？

答：退役士兵的养老保险补助由军人所在单位后勤（联勤、保障）机关财务部门在士兵退出现役时一次性结清。计算办法为：士官按本人服现役期间各年度月工资20%的总和计算；义务兵按本人退出现役时当年下士月缴费工资起点标准的20%乘以服现役月数计算。其中，12%作为单位缴费，8%作为个人缴费。

122. 士兵退出现役参加职工基本养老保险的，其退役养老保险关系和相应资金转移吗？

答：是的。由军队后勤（联勤）机关财务部门将士兵退役养老保险关系和相应资金转入地方社会保险经办机构，地方社会保险经办机构办理相应的转移接续手续。

123.士兵入伍前已经参加职工基本养老保险的，其养老保险关系如何转移接续？

答：士兵入伍前已经参加职工基本养老保险的，其养老保险关系和相应资金不转移到军队，由原参保地社会保险经办机构开具参保缴费凭证交给本人，并保存其全部参保缴费记录，个人账户储存额继续按规定计息。士兵退出现役后继续参加职工基本养老保险的，由本人持原参保地社会保险经办机构开具的参保缴费凭证，按照国家规定办理基本养老保险关系转移接续手续。军人退出现役到机关事业单位的，其养老保险办法按照国家有关规定执行，退出现役时不给予退役养老保险补助，待机关事业单位养老保险制度改革后，按照相关规定办理。士兵退出现役后作退休、供养方式安置的，经本人申请，由原参保地社会保险经办机构依据军人所在团级以上单位出具的《军人退休（供养）证明》和参保缴费凭证等相关手续，退还个人账户储存额，终止基本养老保险关系。

124.安排工作的退役士兵在待安排工作期间的养老保险缴费需要个人承担吗？

答：不需要。所需费用由安置地人民政府同级财政资金安排。

125. 退役士兵在城镇从事个体经营或者以灵活方式就业的，可以参加职工基本养老保险吗？

答：可以。退役士兵到城镇企业就业或者在城镇从事个体经营、以灵活方式就业的，按照国家有关规定参加职工基本养老保险，服现役年限视同职工基本养老保险缴费年限，并与实际缴费年限合并计算。

126. 军龄能否视为基本医疗保险参保缴费年限？

答：退役士兵的服现役年限应视同参保缴费年限。

摄影：王一安

127.自主就业退役士兵回安置地后，可参加什么医疗保险？

答：自主就业退役士兵可以参加职工基本医疗保险、城镇居民基本医疗保险或者新型农村合作医疗。

128.士兵退出现役时，其医疗保险关系如何转移？

答：士兵退出现役时，接收安置地区已经实行城镇基本医疗保险制度的，由所在单位后勤财务部门填写《军人退役医疗保险个人账户转移凭证》或《义务兵退役医疗保险金转移凭证》，交给本人并及时将本人退役医疗保险个人账户资金从银行汇至接收安置地区的社会保险经办机构。士兵退出现役后，应当将本人所持的《军人退役医疗保险个人账户转移凭证》或《义务兵退役医疗保险金转移凭证》交给接收单位，由接收单位为其办理城镇职工基本医疗保险个人账户落户手续；接收安置地区的社会保险经办机构应当在收到接收单位或者退役军人个人提供的转移凭证后20天内，按照城镇职工基本医疗保险管理的有关规定，为退役军人建立（或续接）城镇职工基本医疗保险个人账户。

士兵退出现役时，按照国家规定不参加城镇职工基本医疗保险的，由所在单位后勤财务部门，填写《军官、文职干部和士官退役医疗保险金给付表》，将个人账户资金发给个人；义务兵入伍前参加城镇职工基本医疗保险的，入伍时由当地社会保险经办机构将个人账户封存。退役回到原入伍地就业后，由当地社会保险经办机构启封个人账户。易地安置的，由接收地区的社会保险经办机构通知原入伍地的社会保险经办机构办理个人账户转移手续。

退役士兵参加城镇居民基本医疗保险或者新型农村合作医疗的，如地方没有建立个人医疗保险账户，其军人退役医疗保险金在士兵退役时由部队发给本人。士兵退役回到地方后参加城镇居民基本医疗保险或者新型农村合作医疗的，按照当地医疗保险经办机构规定办理。

129. 安排工作的退役士兵在待安排工作期间参加医疗保险如何规定？

答：退役士兵在国家规定的待安排工作期间按规定参加安置地职工基本医疗保险。

130. 安排工作的退役士兵在待安排工作期间的医疗保险费需要个人承担吗？

答：退役士兵在国家规定的待安排工作期间参加安置地职工基本医疗保险的个人缴费部分，由退役士兵个人缴纳。

131. 退役士兵以企业职工的身份参加职工基本医疗保险，保费如何缴纳？

答：国家规定，职工应当参加职工基本医疗保险，由用人单位和职工按照国家规定共同缴纳基本医疗保险费。退役士兵不论自主就业还是安排工作，只要与用人单位建立劳动关系，所在单位都应当为其办理职工基本医疗保险，并且按照企业普通职工参加职工基本医疗保险一样进行缴纳。

132. 退役士兵怎样参加失业保险？

答：根据《人力资源社会保障部、财政部、总参谋部、总政治部、总后勤部关于退役军人失业保险有关问题的通知》（人社部发〔2013〕53号）规定，退役士兵参保缴费满一年后失业的，按规定享受失业保险待遇。退役士兵离开部队时，由所在团级以上单位后勤（联勤、保障）机关财务部门，根据其实际服役时间开具《军人服现役年限视同失业保险缴费年限证明》并交给本人。退役士兵在城镇企业事业等用人单位就业的，由所在单位或者本人持《军人服现役年限视同失业保险缴费年限证明》及士官（义务兵）退出现役证，到当地失业保险经办机构办理失业保险参保缴费手续。失业保险经办机构将视同缴费年限记入失业保险个人缴费记录，与入伍前和退出现役后参加失业保险的缴费年限合并计算。士兵入伍前已参加失业保险的，其失业保险关系不转移到军队，由原参保地失业保险经办机构保存其全部缴费记录。士兵退出现役后继续参加失业保险的，按规定办理失业保险关系转移接续手续。

133. 士兵退出现役后购买住房有优待吗？

答：士兵退出现役后，其身份转换为普通社会公民，享有法律规定的公民权利和义务。退役士兵在市场上购买住房，属市场行为，应和其他市场主体同等对待。但对退出现役的伤病残士兵，可根据《优抚对象住房优待办法》（民发〔2014〕79号）享有相应的优待。包括：（1）申请住房保障的，其依法享受的抚恤金、补助金、优待金和护理费等待遇，在准入审核中不计入家庭收入。（2）申请经济适用住房、公共租赁住房、住房租赁补贴或农村危房改造的，同等条件下，应当优先安排。（3）办理房产、土地证件时，免交登记费、工本费；自建房时，免交基础设施配套费、拨地定桩测绘费等相关行政事业性收费和政府性基金。

134. 退役士兵的党、团组织关系由哪级组织管理？

答：自主就业的退役士兵，党、团组织关系由户口所在地的街道或乡镇接收管理；安排工作的退役士兵，党、团组织关系由所在单位接收管理。

135. 接收安置退役士兵的单位不执行《退役士兵安置条例》怎么办？

答：《退役士兵安置条例》第五十条规定，对违反条例规定，有下列情形之一的，由当地人民政府退役士兵安置工作主管部门予以处罚：(1) 拒绝或者无故拖延执行人民政府下达的安排退役士兵工作任务的；(2) 未依法与退役士兵签订劳动合同、聘用合同的；(3) 与残疾退役士兵解除劳动关系或者人事关系的。

处罚方式主要是责令限期改正。逾期不改的，对国家机关、社会团体、事业单位主要负责人和直接责任人员依法给予处分；对企业按照涉及退役士兵人数乘以当地上年度城镇职工平均工资 10 倍的金额处以罚款，并对接收单位及其主要负责人予以通报批评。

136. 退役士兵弄虚作假骗取安置待遇的，怎么处罚？

答：《退役士兵安置条例》第五十一条规定，退役士兵弄虚作假骗取安置待遇的，由安置地人民政府退役士兵安置工作主管部门取消相关安置待遇。

137. 军队干部列入转业安置计划的条件是什么？

答：担任团级以下职务（含处级以下文职干部和享受相当待遇的专业技术干部）的军队干部，有下列情形之一的，可以列入军队干部转业安置计划:(1)达到平时服现役最高年龄的;(2)受军队编制员额限制不能调整使用的;(3)因身体状况不能坚持军队正常工作但能够适应地方工作的;(4)其他原因需要退出现役作转业安置的。

深化国防和军队改革期间,担任师级职务(含局级文职干部)或高级专业技术职务的军队干部,年龄53周岁(截至上年度12月31日)以下的,本人申请,经批准可以安排转业,列入军队干部转业安置计划。对接收安置师级职务军队转业干部任务较重的地区,实行指标控制。

138. 军队干部不能列入转业安置计划的规定有哪些?

答:担任团级以下职务的军队干部,有下列情形之一的,不列入军队干部转业安置计划:(1)年龄超过50周岁的;(2)二等甲级以上伤残的;(3)患有严重疾病,经驻军医院以上医院诊断确认,不能坚持正常工作的;(4)受审查尚未作出结论或者留党察看期未满的;(5)故意犯罪受刑事处罚的;(6)被开除党籍或者受劳动教养丧失干部资格的;(7)其他原因不宜作转业安置的。

139. 军队干部集体转业安置的规定是什么?

答:因军队体制、编制调整或者国家经济社会发展需要,成建制成批军队干部的转业安置,由军委政治工作部与国家退役军人安置工作主管部门协商办理。这次深化国防和军队改革期间，公安现役部队和武警森林、水电、黄金部队全部退出现役，整体移交给国家有关职能部门，干部集体转业安置按照中央有关规定执行。

140. 军队转业干部的安置方式有几种？

答：军队干部转业到地方工作，是国家和军队的一项重要制度。国家对军队转业干部实行计划分配和自主择业相结合的方式安置。计划分配的军队转业干部由党委、政府负责安排工作和职务；自主择业的军队转业干部由政府协助就业、发给退役金。

141. 军队干部转业复员的批准日期以及年龄、军龄和有关年限是怎么计算的？

答：干部转业复员的批准日期为当年的 3 月 31 日，转业复员命令由各级党委按照任免权限批准下达，于当年 7 月 31 日前公布。

转业复员干部军龄、配偶随军年限以及边远艰苦地区工作年限计算的截止日期，为干部转业复员当年的 3 月 31 日。计算地方普通高等学校毕业直接入伍的转业干部自主择业年限条件时，其在普通高等学校学习时间一并计算。师级干部转业年龄计算的截止日期，为批准其转业上一年度的 12 月 31 日。干部转业复员当年 3 月 31 日以前符合晋升军衔或者调整文职级别条件的，应当在向省（自治区、直辖市）军区转业办移交档案前办理完毕，办理时间填写为当年 3 月 1 日。

142. 军队转业干部安置计划是如何编制下达的？

答：全国的军队转业干部安置计划，由退役军人事务部会同军委政治工作部编制下达。省（自治区、直辖市）的军队转业干部安置计划，由省（自治区、直辖市）退役军人工作主管部门编制下达。中央和国家机关及其管理的在京企业事业单位军队转业干部安置计划，由退役军人事务部直接编制下达。中央和国家机关京外直属机构、企业事业单位的军队转业干部安置计划，由所在省（自治区、直辖市）退役军人工作主管部门编制下达。

143. 军队转业干部安置地是怎么规定的？

答：军队转业干部可以选择到原籍、入伍时所在地、配偶随军前或者结婚时常住户口所在地安置。配偶已随军的军队转业干部，具备下列条件之一的，可以到配偶常住户口所在地安置：（1）配偶取得北京市常住户口满 4 年的；（2）配偶取得上海市常住户口满 3 年的；（3）配偶取得天津市、重庆市和省会（自治区首府）城市、副省级城市常住户口满 2 年的；（4）配偶取得其他城市常住户口的。

夫妇同为军队干部的，双方或一方转业，可以到任何一方的原籍或者入伍地安置，也可以到任何一方的部队驻地安置。

选择自主择业的军转干部可以到本人配偶常住户口所在地安

置，也可以到父母或者配偶父母、本人子女常住户口所在地安置。

144.深化国防和军队改革期间，转业干部安置地去向条件做了哪些放宽？

答：所在单位被撤销、合并、降格、改编、移防的计划分配军队转业干部，其配偶取得部队所在地常住户口的，不受现行政策规定的随军落户年限的限制，可以在配偶常住户口所在地安置；未婚或者离异的，可在服役地安置；不符合到直辖市、省会（自治区首府）城市和副省级城市安置条件的，可以到原籍、入伍地或者配偶常住户口所在地的地级城市安置。撤销、合并、降格、改编、移防

摄影：王一安

单位由军委政治工作部会同相关职能部门确认。

145. 军队转业干部到父母或者配偶父母常住户口所在地安置的条件是什么？

答：父母身边无子女或者配偶为独生子女的军队转业干部，可以到其父母或者配偶父母常住户口所在地安置。未婚的军队转业干部可以到其父母常住户口所在地安置。

父母双方或者一方为军人且长期在边远艰苦地区工作的军队转业干部，可以到父母原籍、入伍地或者父母退（离）休安置地安置。

146. 军队转业干部到配偶常住户口所在地或到父母、配偶父母、本人子女常住户口所在地安置有哪些条件？

答：军队转业干部具备下列条件之一的，可以到配偶常住户口所在地安置，也可以到其父母或者配偶父母、本人子女常住户口所在地安置：（1）自主择业的；（2）在边远艰苦地区或者从事飞行、舰艇工作满10年的；（3）战时获三等功、平时获二等功以上奖励的；（4）因战因公致残的。

147.军队转业干部跨省（自治区、直辖市）安置需要什么条件？

答：因国家重点工程、重点建设项目、新建扩建单位以及其他工作需要的军队转业干部，经接收单位所在省（自治区、直辖市）退役军人工作主管部门批准，可以跨省（自治区、直辖市）安置。符合安置地吸引人才特殊政策规定条件的军队转业干部，可以到该地区安置。

148.深化国防和军队改革期间，在艰苦边远地区和特殊岗位服役的军队转业干部到地级城市安置的条件放宽到几年？

答：在艰苦边远地区和特殊岗位服役满10年的军队转业干部，不符合到直辖市、省会（自治区首府）城市和副省级城市安置条件的，可以到原籍、入伍地或者配偶常住户口所在地的地级城市安置。艰苦边远地区和特殊岗位的范围，由国家军队转业干部安置工作主管部门与军委政治工作部根据国家和军队有关规定确定。

149.军队转业干部到地方工作的工龄是如何计算的？

答：军队转业干部的军龄，计算为接收安置单位的连续工龄（工作年限），享受相应的待遇。在军队从事护理、教学工作，转业后仍从事该职业的，其在军队的护龄、教龄应当连续计算，享受接收安置单位同类人员的待遇。

150. 军队转业干部到地方报到前后发生问题如何处理？

答：军队转业干部到地方报到前发生的问题，由其原部队负责处理；到地方报到后发生的问题，由安置地政府负责处理，涉及原部队的，由原部队协助安置地政府处理。对无正当理由经教育仍不到地方报到的军队转业干部，由原部队根据有关规定给予党纪、军纪处分或者其他处罚。

151. 军队转业干部工作分配办法有哪些？

答：军队转业干部的工作分配，贯彻公平、公正、公开的原则。各地要坚持把军队转业干部安置与其服役期间的德才表现和贡献挂钩，对功臣模范、长期在艰苦边远地区服役以及从事飞行、舰艇、涉核等特殊岗位工作的军队转业干部，要给予倾斜照顾。在坚持考核选调、双向选择、指令性分配等安置办法的基础上，要进一步改进考试考核相结合的分配办法，健全统一规范的军队转业干部考核评价体系，合理确定军队转业干部安置考试的内容和方式方法，形成更加公开、公平、公正的"阳光安置"工作机制。

152. 如何确保重点安排好师团级职务军队转业干部？

答：各地区各部门各单位要采取预留领导职数、使用空出的领导职位、按规定增加非领导职数或者先进后出、带编分配等办法，安排好师团级干部的工作和职务。安排军队转业干部增加的非领导职数实行单列、专用。担任师级领导职务或担任团级领导职务且任职满最低年限的军队转业干部，应安排相应的领导职务；接收师团级职务军队转业干部人数较多、安排领导职务确有困难的地区，可以安排相应的非领导职务，但应有一定比例安排领导职务。

153. 深化国防和军队改革期间，党政机关接收军队转业干部增加行政编制有什么规定？

答：深化国防和军队改革期间，地方党政机关接收军队转业干部，以2013年、2014年和2015年各省（自治区、直辖市）计划分配数的平均数作为军队改革期间计划分配基数，在2016—2020年的5年内，各省（自治区、直辖市）在基数内安置仍按照原25%比例增加行政编制；高于基数部分按照40%增加行政编制。

154. 深化国防和军队改革期间，党中央、国务院直属事业单位接收军队转业干部增加编制有什么新规定？

答：深化国防和军队改革期间，党中央、国务院直属事业单位

摄影：来永雷

接收军队转业干部增加编制，参照党政机关相关办法执行。其他事业单位接收安置军队转业干部，有空编的先利用空编接收，编制满员的按照实际接收人数相应增加编制。

155.深化国防和军队改革期间，如何拓宽军队转业干部安置渠道？

答：各地要根据安置工作实际，制定优惠政策措施，鼓励和引导军队转业干部到中小城市、乡镇街道和基层一线工作。要结合"一带一路"建设、京津冀协同发展、长江经济带建设等国家重大发展战略，制定相应的对接措施和优惠政策，引导军队转业干部积极投身重点领域和重大工程建设。对自愿到艰苦边远地区工作的军队转业干部，要安排相应的领导职务，特别优秀的可以提职安排，随调配偶和子女可在原符合安置条件的地区安置，并优先安排工作。大力加强边疆民族地区军队转业干部安置工作。根据政权建设和干部人才队伍建设需要，制定更加优惠的政策措施，鼓励军队转业干部到边疆民族地区工作。要有计划地选调懂民族语言、熟悉当地社情民情的军队转业干部，充实到县、乡领导班子，符合条件的可任党政正职，并跟踪培养考察，优先选拔使用。

156. 中央垂直管理系统接收安置军队转业干部有哪些规定？

答：中央和国家机关京外直属机构、企业事业单位，要认真完成所在省（自治区、直辖市）退役军人工作主管部门下达的军队转业干部安置计划，其上级主管部门要把接收安置军队转业干部作为加强干部队伍建设、调整充实人员的重要渠道，加强对所属单位接收安置军队转业干部工作的组织领导，切实解决接收军队转业干部所需编制、职数等问题，保证安置任务落实。各地退役军人工作主管部门要支持中央垂直管理系统京外单位在本行政区域内优先选用军队转业干部。

157. 军队转业干部自愿到艰苦边远地区工作有什么鼓励性政策？

答：各省、自治区、直辖市应当制定优惠的政策措施，鼓励军队转业干部到艰苦地区和基层单位工作。对自愿到艰苦边远地区工作的军队转业干部，应当安排相应的领导职务，德才优秀的可以提职安排。

158. 专业技术职务军队转业干部怎么安排工作和职务？

答：担任专业技术职务的军队转业干部，一般应当按照其在军

摄影：周士瑜

队担任的专业技术职务或者国家承认的专业技术资格，聘任相应的专业技术职务；工作需要的可以安排行政职务。担任行政职务并兼任专业技术职务的军队转业干部，根据地方工作需要和本人志愿，可以安排相应的行政职务或者聘任相应的专业技术职务。

159. 军队转业干部到事业单位如何安排工作和职务？

答：对计划分配到事业单位的军队转业干部，参照其军队职务等级安排相应的管理或者专业技术工作岗位，并给予3年适应期。军队转业干部可以按照有关规定与用人单位签订无固定期限或者有固定期限劳动、聘用合同，用人单位不得违约解聘、辞退或者解除劳动、聘用合同。

160. 军队转业干部到企业如何安排工作和职务？

答：企业接收军队转业干部，由退役军人工作主管部门编制下达军队转业干部安置计划，根据军队转业干部本人志愿进行分配，企业安排管理或者专业技术工作岗位，并给予2年适应期。军队转业干部可以按照有关规定与用人单位签订无固定期限或者有固定期限劳动、聘用合同，用人单位不得违约解聘、辞退或者解除劳动、聘用合同。

161. 计划外选调军队干部有什么规定？

答：中央和国家机关及其管理的在京企业事业单位计划外选调军队干部，经战区级单位政治工作机关审核并报军委政治工作部批准转业后，由退役军人事务部办理审批。

162. 计划分配到机关事业单位的军队转业干部工资待遇如何确定？

答：计划分配到党和国家机关、团体、事业单位的军队转业干部，其工资待遇按照不低于接收安置单位与其军队职务等级相应或者同等条件人员的标准确定，津贴、补贴、奖金以及其他生活福利待遇，按照国家有关规定执行。

163. 计划分配到企业的军队转业干部工资待遇如何确定？

答：计划分配到企业的军队转业干部，其工资和津贴、补贴、奖金以及其他生活福利待遇，按照国家和所在企业的有关规定执行。

摄影：来永雷

164. 计划分配军队转业干部的住房保障办法是什么？

答：军队转业干部的住房，由安置地政府按照统筹规划、优先安排、重点保障、合理负担的原则给予保障，主要采取购买经济适用住房、现有住房或者租住周转住房，以及修建自有住房等方式解决。计划分配的军队转业干部，到地方单位工作后的住房补贴，由安置地政府或者接收安置单位按照有关规定解决。军队转业干部因配偶无住房补贴，购买经济适用住房超过家庭合理负担的部分，个人支付确有困难的，安置地政府应当视情况给予购房补助或者优先提供住房公积金贷款。军队转业干部住房保障具体办法，按照国家有关规定执行。

165. 计划分配军队转业干部参加社会保险有哪些规定？

答：军队转业干部的军龄视同社会保险缴费年限。其服现役期间的医疗等社会保险费，转入安置地社会保险经办机构。计划分配到党和国家机关、团体、事业单位的军队转业干部，享受接收安置单位与其军队职务等级相应或者同等条件人员的医疗、养老、失业、工伤、生育等社会保险待遇；计划分配到企业的军队转业干部，按照国家有关规定参加社会保险，缴纳社会保险费，享受社会保险待遇。

166. 军队转业干部选择自主择业的条件是什么？

答：2016 年中央有关做好深化国防和军队改革期间军队转业干部安置工作的文件放宽了军转干部选择自主择业的军龄和职级条件，明确规定"军龄满 18 年的师级以下职务军队转业干部，本人提出申请，经组织审核批准，可以选择自主择业的方式安置"。同时，放宽了师级职务军转干部转业年龄条件，规定"担任师级职务（含局级文职干部）或高级专业技术职务的军队干部，年龄 53 周岁以下的，本人提出申请，经批准可以安排转业，列入军队干部转业安置计划"。也就是说，深化国防和军队改革期间，如果军转干部军龄不满 18 周年，只能选择计划安置的方式。如果军龄满 18 周年、年龄不超过 50 周岁的团级以下干部，或者军龄满 18 周年、年龄不超过 53 周岁的师级（含局级文职干部）和高级专业技术职务的干部转业，则可以选择计划安置或自主择业安置方式。

167. 自主择业军队转业干部的退役金核定标准是什么？

答：自主择业的军队转业干部，由安置地政府逐月发给退役金。团级职务和军龄满 20 年的营级职务军队转业干部的月退役金，按照本人转业时安置地同职务等级军队干部月职务、军衔（级别）工资和军队统一规定的津贴补贴为计发基数 80% 的数额与基础、军龄工资的全额之和计发。军龄满 20 年以上的，从第 21 年起，军龄每增加一年，增发月退役金计发基数的 1%。军龄满 19 年、18 年的，分别按照计发基数 79%、78% 的比例计发。

168. 自主择业军队转业干部的退役金增发标准有哪些？

答：自主择业的军队转业干部，按照下列条件和标准增发退役金：（1）荣立三等功、二等功、一等功或者被大军区级以上单位授予荣誉称号的，分别增发月退役金计发基数的 5%、10%、15%。符合其中两项以上的，按照最高的一项标准增发。（2）在艰苦边远地区或者从事飞行、舰艇工作满 10 年、15 年、20 年以上的，分别增发月退役金计发基数的 5%、10%、15%。符合其中两项以上的，按照最高的一项标准增发。以上各项规定的标准合并计算后，月退役金数额不得超过本人转业时安置地同职务等级军队干部月职务、军衔、基础、军龄工资和军队统一规定的津贴补贴之和。

摄影：来永雷

169. 如何及时调整自主择业军队转业干部的退役金？

答：自主择业的军队转业干部的退役金，根据移交地方安置的军队退休干部退休生活费调整的情况相应调整增加。经济比较发达的地区，自主择业军队转业干部的月退役金低于安置地当年党和国家机关相应职务等级退休干部月退休生活费数额的，安置地政府可以发给差额补贴。自主择业的军队转业干部的退役金，免征个人所得税。自主择业的军队转业干部，被党和国家机关选用为正式工作人员的，停发退役金。

170.自主择业军队转业干部的就业创业扶持政策有哪些？

答：对自主择业的军队转业干部，安置地政府应当采取提供政策咨询、组织就业培训、拓宽就业渠道、向用人单位推荐、纳入人才市场等措施，为其就业创造条件。党和国家机关、团体、企业事业单位在社会上招聘录用人员时，对适合军队转业干部工作的岗位，应当优先录用、聘用自主择业的军队转业干部。对从事个体经营或者创办经济实体的自主择业的军队转业干部，安置地政府应当在政策上给予扶持，金融、工商、税务等部门，应当视情况提供低息贷款，及时核发营业执照，按照社会再就业人员的有关规定减免

摄影：王一安

营业税、所得税等税费。

深化国防和军队改革期间，各地要适应"大众创业、万众创新"的新形势，将自主择业军队转业干部纳入就业创业工作总体规划，完善优惠政策措施，加强就业指导和服务，搭建就业创业服务平台，大力扶持自主择业军队转业干部就业创业，充分发挥他们在经济社会发展中的重要作用。

171. 自主择业军队转业干部的接收报到有什么要求？

答：要严格按照国家下达的安置计划接收自主择业军队转业干部，不得擅自改变安置去向和安置方式。要进一步规范自主择业军队转业干部档案移交接收工作，严格按照有关标准和要求接收档案，接收手续要齐全完备，档案要件内容要完整，特别是涉及退役金核定的有关材料要核实准确。各地要利用办理自主择业军队转业干部报到手续的机会，深入了解他们的实际情况和就业服务需求，完善自主择业军队转业干部信息数据库，为有针对性地做好管理服务工作打下基础。军、地有关部门要加强协作配合，确保自主择业军队转业干部接收工作顺利进行。自主择业军队转业干部的报到手续，由转业干部本人办理。

172. 自主择业军队转业干部的退役金核定主要依据哪些材料？

答：严格按照退役金计发标准和办法，根据自主择业军队转业干部供给关系和干部档案材料核定退役金，重点审核军龄、立功情况、在艰苦边远地区和飞行、舰艇岗位服役经历等内容。转业干部服役经历的认定，以《军官任免报告表》《文职干部任免报告表》等有关材料为准；立功的认定，以《个人奖励登记（报告）表》《个人记功登记（报告）表》为准。退役金核定实行安置地军转部门初核、省级军转部门复核的工作程序，核定表必须经转业干部本人签名确认。严格落实退役金核定工作责任制，对于在退役金核定工作中不认真履行职责，导致国家财政资金或转业干部利益受损的，要追究相关人员责任。

173. 自主择业军队转业干部党员组织关系如何接转？

答：实行先接转党员组织关系、后到军转部门办理报到手续的工作程序，自主择业军队转业干部党员凭所在部队师、旅级以上单位政治机关或其组织部门开具的党员组织关系介绍信，到安置地县级或县级以上党委组织部门办理党员组织关系接转手续，组织关系接转工作完成后，持回执复印件，到安置地军转部门办理报到手续。

174. 自主择业军队转业干部党员管理如何实施？

答：各地党委组织部门要根据自主择业军队转业干部党员的居住、就业情况，逐一落实党员组织关系，编入党的支部。自主择业军队转业干部党员要及时到所在党支部报到。所在党支部要按规定组织自主择业军队转业干部党员参加组织生活，教育引导党员增强党员意识和党性观念，充分发挥先锋模范作用。各地军转部门要协助当地党委组织部门做好相关工作。

175. 自主择业军队转业干部的档案管理有哪些规定？

答：自主择业军队转业干部的档案由各地军转部门管理，干部人事档案业务主管部门要加强指导。要认真做好有关材料收集、整理、归档工作，对退役金核定表和调整表、受表彰奖励、受刑事处罚及其他需归入个人档案的材料，要全面收集、规范整理、及时归档。要严格按照干部人事档案管理有关规定，规范档案查借阅管理和转递工作，严禁将档案交自主择业军队转业干部自带或转递。对重新入伍、被机关事业单位录用或受刑事处罚等原因，不再享受自主择业军队转业干部待遇的，要按照规定办理转递手续，及时将档案移交相关单位和部门。对被国有企业录用的，在劳动关系存续期间，经军转部门、用人单位、自主择业军队转业干部三方协商一致，可按照有关规定将档案转递至用人单位，军转部门建立档案副本，用人单位应将新产生的档案材料复印件及时提供给军转部门归入档案副本；劳动关系解除或终止后，用人单位应及时将档案转回军转部门。对其他原因需利用档案的，用人单位可按相关规定查阅档案。要强化保密意识，加强档案安全保密管理。

176. 自主择业管理服务工作经费标准和使命有哪些要求？

答：中央财政根据各地接收安置的自主择业军队转业干部人数，按照700元/人/年的标准给各省（自治区、直辖市）拨付管理服务经费，地方财政按照300元/人/年的标准配套，经费预、决算与自主择业退役金预、决算一并编制。中央财政根据上年度各省（自治区、直辖市）自主择业退役金决算人数核拨当年的管理服务经费。各省（自治区、直辖市）结合本地工作实际，合理确定省级以下财政负担比例，并及时向地、市划拨管理服务经费。经费使用按照专款专用、强化监督的原则，主要用于自主择业军队转业干部走访慰问、个案帮扶、档案管理、自主择业工作信息化建设、就业招聘、就业创业典型宣传、创业服务以及其他日常管理服务工作，不得用于自主择业机构工作人员的奖金和福利支出，不得用于向自主择业军转干部普遍发放福利待遇。

177. 军队转业干部的教育培训遵循什么原则？

答：计划分配军队转业干部教育培训工作遵循"先培训后上岗""学用结合、按需施教、注重实效"和"培训、考核、使用相结合"的原则；自主择业军队转业干部教育培训工作遵循"政府主导、依托社会、个人自愿、按需培训"的原则。

178. 计划分配军队转业干部教育培训分为几类？

答：计划分配军队转业干部教育培训分为全员适应性培训和专业培训两类。

179. 计划分配军队转业干部的全员适应性培训有什么要求？

答：计划分配军队转业干部的全员适应性培训分层次组织实施，时间不少于5天。各地要认真总结适应性培训的经验，进一步丰富培训内容，不断增强针对性和有效性，更好地发挥适应性培训的作用，为广大军队转业干部顺利实现由军队到地方岗位的转换提供有效帮助。

180. 计划分配军队转业干部的专业培训有什么规定？

答：计划分配军队转业干部的专业培训应在军队转业干部上岗前进行，由省（自治区、直辖市）退役军人工作主管部门统一规划并与接收单位共同组织实施。专业培训时间不少于3个月。要充分发挥行业系统培训优势，加强对行业系统专业培训工作的指导。军队转业干部在专业培训期间，组织、人事部门和接收单位要加强考核工作，将考核情况，作为使用军队转业干部的重要依据。

181.计划分配军队转业干部进高校专项培训有哪些要求？

答：深化国防和军队改革期间，要积极探索开展计划分配军队转业干部进高校专项培训。军队转业干部安置定岗定位后，安置工作主管部门和接收单位可根据岗位需要和本人实际情况，将专业不对口的军队转业干部送到高等院校，进行为期1年带薪脱产教育培训，系统学习专业知识，提高岗位工作能力。教育主管部门要指导高等学校做好军队转业干部进高校专项培训工作。根据各地实际参加进高校专项培训的计划分配军队转业干部人数，中央财政按每人1万元标准核拨专项经费，不足部分由地方财政补助。

182. 自主择业军队转业干部培训的主要形式是什么？

答：对自主择业军队转业干部，主要开展个性化教育培训。个性化教育培训，是指自主择业军队转业干部根据个人需求，在省（自治区、直辖市）退役军人工作主管部门指定或认可的培训机构进行培训，并取得相应证书的教育培训模式。自主择业军队转业干部到地方报到后3年内，可向安置地退役军人工作主管部门提出培训申请，经批准参加培训并取得合格证书后，其相关培训费用，可在军队转业干部教育培训经费规定的标准内支付。个性化教育培训的内容主要围绕自主择业军队转业干部就业创业需求安排。在个人

摄影：张骥

自愿的基础上，对培训需求相对集中的专业，可由省（自治区、直辖市）退役军人工作主管部门统一规划组织培训。

183. 军队转业干部教育培训经费标准是多少？

答：军队转业干部教育培训经费，实行中央财政和军队共同保障的模式。教育培训经费要随着国家经济社会发展而逐步提高，保障教育培训工作需要。计划分配军队转业干部经费标准确定为每人3300元（300元用于适应性培训，3000元用于专业培训）。自主择业军队转业干部经费标准确定为每人4800元（300元用于适应性培训，4500元用于专业培训）。

184. 军队转业干部随调配偶安置有哪些规定？

答：军队转业干部随调配偶为公务员的，参照本人职务等级和从事的专业，合理安排工作和职务；为事业单位工作人员和企业职工的，主要在事业单位和企业妥善安排。随调配偶应与军队转业干部同时接收安置，同时发出报到通知。

185. 军队转业干部随调配偶自行就业创业有什么政策措施？

答：各地鼓励和支持军队转业干部随调配偶自行就业创业。对有自谋职业意愿的军队转业干部随调配偶，可采取发给一次性就业补助费等措施进行安置。自谋职业的随调配偶和随迁配偶，可享受随军家属就业创业优惠政策。

186. 军队转业干部随迁子女就学有什么规定？

答：军队转业干部随迁子女需要转学、入学的，由安置地教育行政管理部门负责安排，不得收取国家政策规定以外的费用；随迁子女在干部转业当年升学、报考军队和地方各类院校时，与军队现役干部子女同等对待。

下 篇

退役军人风采

走近榜样，

　　　　学习榜样。

王启荣同志简要事迹

　　王启荣，1957年出生，中共党员，曾任那坡县烈士陵园园长。1979年，他作为国防民兵哨所哨员参加过边境作战，不幸被地雷炸伤，落下终身残疾。1980年10月，他成为那坡县烈士陵园的一名专职守陵人，一守就是36年。其间，他收获过被称赞的愉悦，有过默默守陵的孤独，面临过个人发展的彷徨，但他始终不改初心，守护着牺牲的战友、逝去的英灵。这些年，他先后被表彰为"全区民政系统先进个人""全区民政系统优抚事业单位先进个人""自治区民政系统先进个人"，2016年7月被广西壮族自治区党委、自治区人民政府、广西军区表彰为"自治区爱国拥军模范"。

爱园建园，精心管护英魂家园

　　1980年时烈士陵园还处在筹建阶段，一座荒丘野岭就是陵园的全部，临时安葬的900多名英烈的坟墓，横七竖八漫山排着，新坟还弥漫着腐臭气味。就在这极为简陋的条件下，王启荣开始了陵园管护工作。建园工作十分艰难，土地平填、陵墓整理、栽花种树全是人工劳作，然而在王启荣心中没有"艰难"二字，他全身心投入工作、自力更生，用愚公移山的韧劲，一点点挖土砌坟、种下花木，为烈士安下新坟，让烈士遗体有了好的归宿。王启荣始终把陵园安全工作放在第一位，不厌其烦地劝导群众文明祭奠，禁止烧纸、烧香、放炮的纪念陋习。他坚持每天巡山不少于两次，几十年如一日，及时发现并排查安全隐患上百次。

尽责敬业，用心服务履行职责

他对安葬在陵园里的 900 多名烈士的个人资料、墓地位置都了如指掌。每年清明节期间，到陵园瞻仰烈士的就有数万人，王启荣总是热情接待、耐心周到，详细介绍陵园概况，英烈事迹。为不耽误工作，他来得最早回得最晚，做足各项准备：写挽联、烧开水，有时一天接待几千人，讲解 10 多场，他常常忘记了吃饭，但即便接待再辛苦，他还是要把园区打扫干净才回家。他经常对别人说，烈士把生命都献给了国家，我们受点累、流点汗算得了什么！

重情重义，辐射感召拴心留人

1986 年，王启荣被调到广西壮族自治区民政厅工作，从边区到省城，从职工到干部，面对人生的"三级跳"、常人羡慕不已的"金饭碗"，他却没有动心，始终牵挂着陵园的一草一木。3 年后，他又回到了那坡、回到了陵园，至此再也没有离开。烈士陵园工作单调、收入微薄，年轻人刚上任就想调动，王启荣拿亲身经历，用战史、军史、英雄故事，战争年代，军民一心，同守共建钢铁长城的传统感染他们，在他的感召下，先后有 4 名职工干满了 5 年，年轻的护陵人也越来越多。

退役人生的二次起航——王明礼就业创业记

在贵州省思南县鹦鹉溪与张家寨交界的茶山基地，经常可以看到一位身着迷彩服的退伍军人在为退伍战友们讲解乡村振兴战略和种植养殖技术。他，就是乡亲们称赞的功臣退役军人、思南县森林种养家庭农场董事长王明礼。

54 岁的军人王明礼，退伍 30 多年始终与大山为伴，以退伍军人创业就业基地为家，奋战在脱贫攻坚第一线，践行着富国强军的使命担当，在退役人生的二次起航中留下了一道精彩的航线。

听党指挥，是退伍军人不变的军魂

王明礼，这位思南的农家子弟，1981 年 10 月应征入伍，任原昆明军区 11 军 31 师 92 团 3 营 9 连 1 班尖刀班班长。1984 年 4 月 30 日参加边境自卫反击战，在著名战斗中勇打头阵，被敌人炮弹炸断双腿，成为四级伤残军人，受到中央军委通令嘉奖。1985 年 11 月，为了服从部队建设的需要，他脱下了心爱的军装，回到了家乡思南，被党组织安排在县总工会工作。

"作为一名退伍军人，就应该永远听党指挥，自觉服从党组织安排，到最艰苦、最困难的地方去锤炼自己；作为一名共产党员，就应该冲锋在前，吃苦在前，铁肩担道义。"王明礼用行动践行了自己的诺言。

无论是驻村还是做移民搬迁工作，王明礼总是竭尽全力把事情办好，让老百姓满意，让党组织放心。

"王明礼是我的好兄弟，是他让我理解了党和政府的移民政策，搬到新居过上了幸福生活。"思南县三道水乡柏杨组农民杨春茂如是说。

2008年3月，乌江思林水电站即将蓄水发电，但库区内仍有部分移民没有搬迁，情况紧急。王明礼主动请缨，走进三道水乡柏杨组移民户杨春茂家。开始杨春茂见王明礼就躲，王明礼没泄劲，见他上山也扛着锄头跟着上山，一面帮他干农活，一面做他的思想工作。假肢磨坏了，就悄悄用夹钳捆紧；伤口发炎了，就悄悄抹上药水。20多天过去了，可杨春茂还是没有一点要搬的意思。

5月的一天，大雨如注，洪水猛涨。王明礼揣了一瓶烧酒冒雨去找杨春茂，恰遇杨春茂赶着耕牛回家，俩人结伴而行。路过一座简易木桥时，耕牛受到惊吓，从断裂处掉进河里。王明礼纵身跳到湍急的河水中，一个大浪扑来，瞬间淹没了他的身影。杨春茂急了，也跟着跳了下去，可最终却在浑浊的河水里抓到一只假肢，吓得他连声呼救："不好了，老王被水冲走了……"待他回过神来，王明礼正牵着耕牛，从下游两三百米处往岸上爬。杨春茂抓住王明礼的手说："老王，啥也不说，我明天就带着大家搬家！"直到这时，杨春茂才知道王明礼是一名残疾人，从此杨春茂与王明礼成为好兄弟、好朋友。

王明礼先后被选派到思南县孙家坝镇石门坎村、大坝场镇花坪村等开展帮扶工作。每到一个村，他都与村干部一道，组织村民修路、修小水池，着力为村民办实事，带领群众调整产业结构，大力发展经果林、生态畜牧产业，得到党组织和农民群众的高度认可。2013年和2014年，王明礼连续两次被评为铜仁市"百佳驻村干部"，可王明礼总觉着受之有愧，他说："若是连这点苦都吃不得，还怎么敢称共产党员和退伍军人呢？"

牢记使命，带领退伍军人创业就业

"如今我能带领战友们创业就业，这要感谢我的战友王明礼。"在思南县塘头镇肉鸽养殖基地，王明礼的战友吴家孝动情地对笔者说。

王明礼看到，农村退伍军人有的去"刹广"了，有的还在农村干农活，没有一技之长，尽管每天都面朝黄土背朝天，但只能维持一般生活水平。

王明礼得知曾经一起上战场的战友吴家孝在广州肇庆肉鸽场打工十多年，一直从事肉鸽养殖技术管理。他立即到战友吴家孝那里，面对面地交流，心与心地沟通，说服老战友将肉鸽养殖技术带回家乡搞创业。在王明礼多方劝说下，吴家孝想通了，终于办结异地打工手续，回到家乡走上创业之路，并与王明礼一道创建了思南县"东升农牧渔林养殖场"肉鸽养殖示范基地。

如今，基地饲养肉鸽 3000 多对，纯收入 30 多万元，解决了 10 多名邻村残疾人、20 多名退伍军人就业问题，实现了退伍军人的自身价值。

感恩奋进，带领退伍军人再立新功

"感谢王明礼为我们退伍军人搭建了创业就业平台，让我们返回家乡有了用武之地。"退伍军人王芝前动情地说。

实践经验让王明礼深知，只有为贫困战友搭建良好的创业就业平台，才能让战友摘掉贫困帽子。他以"党支部＋退伍军人＋企业＋基地＋农民"的模式，创建了思南县退伍军人创业就业示范基地。

说干就干。2009年，王明礼与袁崇汉等退伍军人一道，抢抓思南县委、县政府发展生态茶产业的机遇，注册资金2500万元，成立了贵州省思南县鼎盛生态农业开发有限公司，下辖思南县晨曦生态农业专业合作社、思南县森林种养家庭农场等企业。

带领退伍军人修建及硬化园区公路及茶园便道20多公里、抗旱水池43个，建设茶园4000多亩，建立茶青市场1个、茶叶加工厂1个，如今茶园已经投产运营。采取以短养长、多种经营的方式，弥补茶园投产前的收入短板。建立了生态养殖场，养鸡1.5万多只、山羊100多只、鹅2000多只。

基地积极为退伍军人办好农业企业"订单"。实施产品营销战略，分别在广东东莞等地建立销售点，拓宽农业企业产品销售渠道，解决了退伍军人创办企业、销售产品的后顾之忧。

目前，基地帮扶退伍军人创建了思南战友荒山绿化农机专业合作社、思南柄嘉种养农业专业合作社、马河贡茶茶厂等10个农业企业，成为农村退伍军人决战脱贫攻坚、决胜同步小康的大舞台。

实施"党建＋基地＋民兵组织建设"模式，以党建带民兵组织建设，推动企业做大做强，带动企业周边农民脱贫致富，实现全面小康。

2010年5月，经中共思南县鹦鹉溪镇委员会批准，成立了中共鹦鹉溪镇晨曦生态农业支部委员会，把退伍军人创业就业示范基地办成思南县农村党员的实训基地。

与此同时，王明礼还组织民兵及退伍军人定期进行军事训练和政治业务学习，发挥民兵和退伍军人在企业发展中的骨干示范作用。2017年年底招聘退伍军人20名到企业就业。

为促进企业健康发展，王明礼着手建立现代企业管理制度，建立健全了企业章程、财务管理、绩效考核、入股分红等10多个企业管理制度，实行依法办事、依章办事。

一个企业的发展离不开科技创新。基地与贵州省茶科所建立战略合作伙伴关系，省茶科所委派专家进驻企业指导；高薪聘请湄潭县茶技师到企业指导品牌茶叶加工，降低了企业成本，提升了茶产品科技含量。

为提升全县复员退伍军人创业就业能力，鼓励他们积极创办农业企业，王明礼除了引进高端技术人才外，还着力在提升全县复员退伍军人素质上下功夫，建立了全县退伍军人培训基地，实施退伍军人创业就业培训计划。一方面，加强教育阵地建设，在县民政局、双拥办的帮助下，邀请县委远教办为企业开通了农村党员干部现代远程教育，建立了远程教育室；开通了互联网，让退伍军人利用电脑在网上学习时事政治和技术，了解山外市场信息。另一方面，与省茶科所、县民政局、县农牧科技局、县茶桑局等单位建立培训联络机制，派遣科技人员对退伍军人、员工进行茶园施肥、摘茶、剪枝，茶叶加工、储存、包装等内容培训；邀请县委宣传部、县司法局、县市场监督管理局等部门的理论与法律专家为企业员工上政策理论与法律、社会主义核心价值观和市场经济管理课，不断提升退伍军人的政治与法律素养、道德品质和创业本领。

"过去，我们在部队里为了保卫国家和人民安宁，不惜流血流汗；如今，我们离开部队回到经济社会发展主战场，我们要弘扬部队的光荣传统，带领乡亲们与贫困决战，始终保持人民子弟兵的英雄本色，再现人民子弟兵为人民的军人价值。这就是我们办企业的目的。"王明礼说。

拓宽平台，助推更多退役军人成功

在安置退伍军人就业方面，王明礼注重凝聚拥军情，根据退伍军人的意愿，尽力把企业所在村的退伍军人安排到基地就业。他向基地周边6个村党支部、村委会承诺："今后退伍军人愿意在思南县鼎盛生态农业开发有限公司就业的，基地保证百分之百地安排。"仅2014年，基地就安置了45名退伍军人（含退伍军人家属）。

基地每年根据退伍军人在部队所学的专业知识和特长安排就业，让其所学的专业知识得到运用，特长得到发挥，轻松愉快地工作。退伍军人杨军，是一名广播兵，基地安排他负责园区广播宣传，除了通知茶园工人到茶园上班外，还给工人们播放爱国歌曲，向茶园工人传播安全生产和茶园管理科技知识，把科技知识带入茶园。

工程兵田海波退伍后，来到思南县鼎盛生态农业开发有限公司就业，企业安排他负责茶区电子监控；退伍军人杨军的家属王银珍有一定的厨技，企业就安排她到食堂做饭，让退伍军人及其家属各施其长，充分发挥自己的才能。

在带领农民群众致富奔小康上，基地实施"土地租金＋农民就地务工＋土地股权分红"模式。近年来，公司通过租赁土地、农民以土地入股方式，成规模地集中流转土地用于茶园建设4000多亩，园区周边的燕子阡、大城坨等6个村的农民在茶园集中摘茶、除草施肥3000人次，每人每天收入100多元。76岁高龄的燕子阡村农民杨宗娥高兴地说："我的土地拿给合作社种茶叶，今年除了年终分红外，还在茶园采摘茶叶纯收入9988元，差12元钱就达到1万元。加上我的分红收入，我一年的总纯收入就有1.38万余元。全靠基地为我们带来的福气啊。"

农民要致富，还得先修路。基地帮助燕子阡、大城坨、马河、冉家坝4个村修通了20多公里的通村公路，得到了农民群众的真诚拥护。

如今，基地带动了鹦鹉溪、张家寨镇872户3288人致富，特别是336户贫困户脱了贫，走上了致富路。

面向未来，王明礼表示，将做大做强退伍军人创业就业基地，走茶旅一体化融合发展之路。建立茶叶精制品加工厂，对茶树修枝的遗弃物进行精加工，实现茶树利用的最大化，增加企业收入，同时解决茶农后顾之忧。开发茶菇产业，在大城坨一带发展茶菇产业基地1000亩，企业提供种子，省茶科所委派技术人员实地进行技术指导，退伍军人和农民生产的茶菇由企业收购销售。茶园到2020年，规模计划发展到2万亩，解决5000人就业问题，争创国家扶贫龙头企业、贵州知名的大型农业企业集团，成为贵州省退伍军人带领农民脱贫致富奔小康的示范样板，谱写退伍军人在实现百姓富、生态美，书写新时代多彩贵州的思南退伍军人创业的优秀篇章。

王贵武事迹

王贵武是退役军人，天津银座集团有限公司董事长。20 年前，他尊认了 10 位 98 抗洪烈士的母亲为自己的母亲，2008 年，又尊认了在汶川大地震抢险救灾中牺牲的 6 位烈士的母亲，替烈士为母亲尽孝。这种超越血缘、超越地域、超越时空的亲情和孝心，已经延续了 20 年。

王贵武出生在天津市西青区一个普通农民家庭，1978 年入伍到兰州空军部队，1980 年年底，他复员回到家乡，在党的改革开放政策指引下，发扬军人的优秀品质作风，艰苦创业，于 1997 年成立了天津银座集团有限公司。他说："我企业发展了，生活富裕了，靠的是在军队这所大学学习磨炼出来的意志，军人的经历是我事业有成的特殊财富和必要基础，对我来说不能忘了部队。我要回报部队，回报国家。"

1998 年，一场百年不遇的特大洪水肆虐祖国大地，人民解放军千军万马奔赴抗洪第一线，王贵武时刻在关注着部队抗洪抢险情况。当他从电视里看到空军一个连队有 10 名官兵被无情的洪水卷走、壮烈牺牲的消息时，十分难过。他说："如果我还在部队，当国家和人民需要的时候，我也会挺身而出。现在我的好战友、好兄弟牺牲了，最悲痛的莫过于他们的母亲，我要把烈士的母亲当成自己的母亲，替烈士为母亲尽孝。"怀着对烈士一片敬意的心情，尊认 10 位烈士母亲的想法得到了父母和妻子的同意后，王贵武满载着给烈士母亲精心准备的天津地方特产和生活用品，从天津驱车踏上了认母之路。

经过两天的长途奔波，首先来到了抗洪英雄高建成烈士的家。他在烈士遗像前深深地三鞠躬，说："建成兄弟，我来自海河之滨，虽然我们未曾见过面，但是是战友情把我们紧紧地连在一起。好兄弟，你为国家尽忠，我来替你尽孝，从此以后，你的母亲就是我的母亲，我会像你一样孝敬她老人家，你在九泉之下放心地安息吧！"王贵武上前紧紧地握住高建成老母亲的手，眼含热泪，满怀深情地说："妈妈，我来给您做儿子了，建成兄弟走了，从今以后，我就是您的亲儿子！我要替他为您老尽孝，您就把我当作您的亲儿子吧！以后，不管您遇到任何生活困难，我都会尽心尽力地帮您解决。"年过七旬的杨妈妈听后，把王贵武紧紧地拥在怀里，叫了一声"儿啊"便放声痛哭。王贵武拿出特意从天津带来的生活用品和天津特产交给杨妈妈，并一再叮嘱杨妈妈："您老一定要保重身体，以后我会经常来看您的，我会照顾您一辈子。"

临走时，杨妈妈还紧紧地拉着王贵武的手，久久地不肯放下。从高建成烈士家里出来，王贵武又驱车赶往家住湖南、安徽、陕西、甘肃另外 9 位烈士家中，把烈士母亲一一认作了自己的母亲。从此以后，10 位烈士母亲就有了一个共同的儿子——王贵武。

在此后的 20 年里，王贵武一直在忠实履行着自己的诺言，不仅从生活上扶持帮助烈士的家庭，而且从情感上给予烈士母亲以极大的安慰和巨大的精神力量，与母亲们结下了深厚的母子情。

　　每年春节期间，王贵武不管多忙，也要抽出时间到10位母亲家，给母亲拜年，并且根据烈士家庭的经济情况，分别给母亲1000元至1万元的生活费。由于这些母亲的家分布在全国8个省份，而且大部分住在偏远山区，交通很不方便，王贵武常常是下了火车坐汽车，下了汽车坐摩托车，有的山区连摩托车也进不去，只能靠步行。春运期间，各地的火车票都非常紧张，有时候连座位也买不到，王贵武干脆就站着，有时候一站就是十几个小时。每当王贵武来到母亲面前叫一声"妈妈，我看您来了"的时候，每个母亲都是既高兴又心疼，眼里忍不住流下激动的泪水，家住湖南衡阳的周妈妈深情地对王贵武说："贵武啊！你能有这份心意，我们就知足了，以后就不要再来了，看到你这么辛苦，我们心疼啊！"家住湖南攸县的易妈妈说："听说你上次回天津没有买到座位，是站着回到天津的，我们听说以后，我和他爸都哭了。"王贵武心里热乎乎的，他说："只要母亲们身体都好，只要母亲们高兴，我自己苦一点、累一点不算什么。"

　　20年前，为了能让10位母亲晚年生活有保障，王贵武拿出12万元给每位母亲都购买了一份养老保险，使她们在60周岁以后每月都能领到一份生活补贴。这20年来，每逢母亲过生日，王贵武都忘不了给母亲打个电话问候一声，并汇去500元，托家人在当地订一个生日蛋糕，为母亲祝寿。2004年，王贵武听说高建成烈士的母亲杨妈妈的腿摔伤了，在家卧床不起，当时正值炎热的夏天，王贵武便托人在当地买了一台空调给老人安装上，并特意去湖南看望杨妈妈，像亲儿子一样，为老人擦脸，陪老人聊天。这几年有3位烈士母亲先后去世，王贵武都像亲儿子一样为老人守灵，办丧事。2008年春节，王贵武去安徽看望黄孝圣烈士的母亲许妈妈，看到许妈妈因为患老年白内障，双目已经完全失明了，王贵武疼在心上，当即拿出1万元交给许妈妈说："您一定要去最好的医院，治好您的眼睛。"许妈妈在经过了二次手术后，两只眼睛终于又恢复了视觉，重新看见了光明，许妈妈逢人便说："这是天津的儿子拿钱看好了俺的眼睛。"

1999年，马斐烈士父母种植的十几亩苹果，又获得了丰收。可是如何把这几万斤苹果运下山去，却让马斐的父母犯了愁。王贵武知道后，特意从天津买了一辆客货两用汽车，专门派人从天津送到了陕西马斐父母的家里，有了这辆车不仅解决了运输的大难题，也使当年的苹果销售一空。这些年王贵武还帮助烈士易志勇、廖国栋、惠伟为、梁力的家庭解决了住房的困难。

为了让烈士的父母开心，王贵武先后两次特意把烈士的父母接到天津，带他们去北京旅游，登长城、游故宫，去天安门看升国旗，还专门安排全面的体检，为母亲量身定做了新衣服。

烈士母亲对王贵武这个孝顺儿子十分感激，她们已经渐渐地从失去儿子的悲伤中平静下来，精神也一天天地好起来，她们以不同的方式用真情回报王贵武，经常寄去亲手绣的鞋垫和土特产等。2003年，10位烈士母亲联名给她们共同的儿子送来了铜匾，上书"人民的好儿子"！

在2008年汶川抗震救灾中，成都军区陆航团邱光华机组和抗震救灾英雄战士武文斌等6位烈士牺牲的消息深深打动了王贵武。他当即表示，要像对待 1998 年尊认的 10 位抗洪烈士的母亲一样，把他们的母亲当作自己的亲生母亲一样照顾。就这样，他驱车 8000 多公里，赶赴四川、湖南、山东、河南，在当地政府和部队领导的支持帮助下，他把 6 位烈士的母亲都认作了自己的母亲，并赠上随身携带的特产和现金。这些年来王贵武像对待亲生母亲一样照顾她们。

当年认的 16 位烈士母亲，至今还有 13 位健在。王贵武考虑到妈妈们大都年纪大了，自己也近 60 岁了，为了尽孝的方便，他打算把妈妈们接到天津。他拿出 100 多万元，把自己在西青的一处大院进行了改造，分成了 8 间住房，每间房都有独立卫生间，能够满足这些烈士母亲生活的需求。为了让母亲们住得更舒服，他把大院里的基础设施整修一新，还给大院起名叫"英雄母亲之家"。2018 年"八一"前夕，妈妈们入住到这里。烈士马斐的父母两个人过来住，王贵武就给他们安排了一处大套间。马斐的母亲激动地说："做梦也没想到，自己有生之年还能住上这样的房子。"湖南攸县易志勇烈士父母住进"英雄母亲之家"大房间，看到窗外的月亮池和左面中式的长廊激动地说："我们住的房子就像公园一样，我们已经 70 多岁了，能住上这样的家，真是太幸福了。"

20 年来，王贵武用"不是亲人，胜似亲人"的义举，践行了"烈士为国尽忠，我替烈士为母亲尽孝"的诺言。这种超越血缘、超越时间、超越地域的亲情和孝心，在社会上引起了强烈反响，对王贵武同志的爱国拥军事迹中央和地方上百家媒体进行了报道。2000 年 7 月，《解放军报》头版头条曾以"实业拥军的一面旗帜"为题，给予大篇幅报道。中共中央政治局委员、中央军委副主席，时任空军司令员许其亮专门给王贵武写信赞扬他："精忠报国，尽孝于民，感人至深，空军为之骄傲。"

在照顾烈士母亲的同时，他还积极关心支持部队建设，先后出资 50 万元建立部队训练奖励基金；为部队送去电脑、电视、空调、摄像机和自行车；出资 300 万元改建了兴武国防教育基地；还投入大量资金用于拥军，特别是驻西青区部队和高炮团等。王贵武作为天津市全民国防教育协会副会长，带头参加国防教育协会组织的各项拥军活动。1999 年，他捐献 100 万元，在家乡（大卞庄村）重新建起了一座 1600 平方米的银座学校（中心小学）。

王贵武同志曾当选天津市第十四届人大代表，中国民主建国会第八、第九、第十届中央委员会委员。先后荣获"天津市劳动模范""天津市文明市民标兵""天津市双拥模范""全国优秀复员退伍军人""全国国防教育先进个人""全国爱心献功臣行动先进个人"等称号，并荣获"首届全国道德模范提名奖"、"全国十大孝亲敬老楷模"。作为优秀退伍军人代表，应民政部邀请参加了中华人民共和国成立 50 周年、60 周年国庆观礼活动，受到党和国家领导人的亲切接见。

致富思源，王贵武对党和人民、对军队感恩戴德。富而思进，他将在实业报国、实业拥军的道路上坚定不移地走下去。王贵武坚定地表示："我将以毕生的精力和全部财富爱国拥军，报效祖国，为天津争光！"

大国关员——甘露

甘露，广州海关归类分中心副调研员、海关三级关税专家。从部队转业到海关 18 年来，甘露实现了从外行到专家、从军人到海关关员的"华丽转身"，在平凡的岗位上作出了不平凡的业绩，先后荣立海关综合治税工作个人二等功，获评全国模范军队转业干部、全国巾帼建功标兵、全国三八红旗手、全国海关榜样、广东省道德模范等荣誉称号，并受到习近平总书记的亲切接见。2017 年 5 月在广东省第十二次党代会上，全票当选为党的十九大代表，并在 10 月召开的中国共产党第十九次全国代表大会的"党代表通道"上接受中外媒体采访。

敬业专业，攻坚克难的金刚钻

18 年的海关路，于甘露而言正是一个发挥军人作风、不断自我挑战并步步突围的历程。但很少有人能够了解，为了尽快实现从军人到海关关员的转变，甘露付出了多少的努力。

2001 年全国海关进出口商品归类中心广州分中心成立后，甘露被安排到广州归类分中心商品归类二科工作，甘露倍感工作压力大。因为同事告诉甘露：商品归类是海关公认的极具难度的技术活，没有过硬的业务能力，根本无法适应这个岗位。为了在短时间内提高自己的业务水平，甘露以极强的毅力和韧劲儿承受着工作、学习的双重压力：白天，她把全部身心毫无保留地投入到海关的工作当中；夜晚，还要深夜挑灯、继续学习业务知识。来到广州海关的前几年，甘露与《进出口税则》为伍、与海关商品归类的"大部头"工具书相伴，没有周末，没有节假日，只有忘我的辛勤付出。为了节省出用于学习的时间，甘露常常是匆匆忙忙地从食堂打回了盒饭，然后坐在办公桌前一手拿着饭盒，一手捧着厚厚的《进出口税则》和商品归类工具书进行阅读。遇到重要问题或难点时，甘露会随时放下筷子，拿出钢笔在办公桌上记录下来。至今甘露还保存着当年在办公室刻苦攻读时记录的十多本厚厚的笔记本，上面每一页都是密密麻麻的学习摘要和心得。

功夫不负有心人，经过日复一日，年复一年的刻苦学习，甘露逐渐成长为海关商品归类领域一名响当当的行家里手。工作岗位的锤炼与个人的勤奋钻研，使得甘露的业务水平得到了飞速的提高，她不仅成为广州海关的业务骨干，而且在全国海关系统中颇有知名度，海关总署曾委托甘露牵头承担全国海关归类咨询、归类监控、同名商品归类差异分析等任务，由她及其团队成员参与《协调制度》及其注释的修订翻译、年度《进出口税则》转换、海关总署归类纠错统计系统的开发等署级重点工作，而这距离甘露进入广州海关工作仅仅只有不到 6 年的时间。从 2000 年到现在，甘露亲历了中国海关商品归类领域的一系列重要事件，见证了海关总署《中华人民共和国海关进出口商品预归类暂行办法》从实施到废止，以及《中华人民共和国海关进出口货物商品归类管理规定》的通过、公布及施行，为中国海关商品归类工作的修订与完善做出了重要的贡献。作为海关人，甘露时刻铭记着自己身上所背负着的历史重担和神圣责任，以精益求精的态度面对每一道归类业务上的难题。2009

年，甘露与同事们负责审核企业进口商品享受减免税的资料时，在分析一家进口企业的技术资料单时，发现该企业进口商品的归类有问题，一批不应享受国家减免税优惠政策的商品被加入了进来。她立即将问题单据找出，加班加点深入分析技术资料，确认了该企业进口商品存在归类差错，补征税款 1636 万元，为国家挽回了经济损失。她也因为出色的工作成绩被海关总署授予个人二等功。

勇于担当，国家利益的守护神

"如果说我在工作中有一点点成就，那主要归功于组织上多年来对我的培养和锻炼，归功于同志们的关心和帮助，我应当将我的这一点点经验贡献给更多的人分享。"甘露是这样说的，也是这样做的。

自 2008 年起，甘露先后 30 次代表中国海关参加世界海关组织（WCO）协调制度国际会议。十年来，她与中国代表团其他成员并肩作战，在国际贸易规则制定的竞技场上，不断为祖国带来惊喜。每次去布鲁塞尔开会，甘露总是行色匆匆，行程长则 20 来天，短则一周时间，要讨论三四十个议题，每次开会前都要认真准备一大摞文件材料。甘露知道，海关商品归类是国际海关界公认的关税三大技术之一，是各国海关对进出口商品执法的重要基础，也是中国商品走向世界的重要桥梁。《协调制度》看似简单，实质上却蕴含着世界各国在贸易、税收、产业、环保、统计等方面的众多政策措施信息。"我们每年参加协调制度委员会，其实就是参与国际贸易游戏规则的制定和修改。各国都有自己的利益，因而对关税产品的分类有不同的看法。大家根据各自的产业利益，把自己的理念体现在《协调制度》里面，就是把国家利益写进了国际贸易的游戏规则。"甘露凭借着自身坚实的商品归类专业技术和外语基础，在世界海关组织总部表现出了自己的卓越才干。2013 年，甘露当选为世界海关组织协调制度审议分委会副主席；2014 年、2015 年当选并连任世界海关组织协调制度委员会工作组主席，这也是我国海关代表首次作为协调制度国际会议的"把槌人"；2016 年，甘露当选为世界海关组织协调制度审议分委会主席；2018 年，甘露成为第一位担任世界海关组织协调制度委员会主席的中国人。这大大提升了中国海关在国际海关商品归类事务领域的影响力，在国际贸易中有力捍卫了祖国与人民的利益。

《协调制度》是国家与国家之间进行经济合作、利益博弈的战场，每一个国家都希望将有利于本国的条文写进《协调制度》，从而为以后的世界贸易创造出有力的条件，因此在世界海关组织大会上各国常常为哪些商品应列入 HS 编码而争得面红耳赤。我国生产的登机桥尽管在世界市场份额中位居前三，但由于登机桥商品未在《协调制度》中列入 HS 编码，使得我国出口登机桥进入目的国市场时经常碰壁。甘露和她的工作团队迅速联系国内补充资料，连夜整理，商讨说服世界海关组织各国代表的办法。甘露和她的团队经过精心的准备，在世界海关组织大会上娴熟地运用《协调制度》规则阐释中方立场，并且结合大量材料据理力争，最终，世界海关组织大会关于修订《协调制度》的提案获投票通过。此后，我国登机桥有了明确的 HS 编码，出口登机桥进入目的国市场畅通无阻，商品在国际市场份额与日俱增。2013 年 11 月，在世界海关组织协调制度审议分委会第 46 次会议上，甘露及其团队经过艰苦努力，力促我国海关提出的为"辅酶 Q10"和"三氯蔗糖"等产品拆分子目等 5 项提案获得通过，这是我国海关在历次《协调制度》修订工作中取得的最大成果。2015 年甘露还为中国保温杯行业争取到了从 9% 退税到 13% 退税的政策，据企业估算，按照当年我国保温杯出口总值估算，这项出口退税率的改变，为保温杯行业增收近 2 亿元。类似案例不胜枚举，这一项项成绩的取得，不仅标志着我国在参与国际规则制定上获得了更大的话语权，更为促进我国优势商品走出国门，突破国际贸易壁垒，赢取更大的国际贸易发展空间打下了坚实的基础。

甘于奉献，胸怀未来的追梦者

人生道路从来由自己选择，命运也永远由每个人自己掌握，甘露和她的团队用实际行动昭示着——只要你有永不放弃继续努力的勇气，不曾停止前行的脚步，那么生命中总有某个具有非凡意义的成功会在前方等待。

作为一名海关归类技术专家，她不满足于自己个人的成长进步，同时还认真总结多年的工作经验、方法技巧，整理撰写了数万字的海关归类工作方法集萃，并主动承担了大量对新入关和交流干部的"传帮带"工作，毫无保留地将多年关税工作的心得体会和国际参会经验传授给年轻干部。几年中她承接的新入关干部培训、交流干部以及外关区以干代训干部工作累计近千人次，她的专业和付出得到了身边同事的一致认可，群众口碑极佳，"甘露工作法"已成为海关归类领域教育培训的必读教材。在甘露同志的精心培养和示范带动下，一批又一批的青年快速成长起来，很多已经成为海关归类战线的业务骨干，一支高素质的广州海关归类业务团队已经初具规模，为海关归类事业的发展传承奠定了坚实基础。正如关里的年轻人所说，"甘露姐人如其名，听她讲归类指示正如甘甜雨露，随风入夜、润物无声，请她解决困难，那更是当春发生、喜雨如油。"

作为一名拥有 23 年党龄的老党员，甘露在工作中用行动发挥着先锋模范作用。2017 年 5 月，甘露同志在广东省第十二次党代会上，全票当选为党的十九大代表。10 月 18 日至 24 日，甘露同志赴京参加中国共产党第十九次全国代表大会，被中央有关部门确定为"十九大代表风采"人物报道的宣传重点，并经过严格遴选确定为参加人民大会堂"党代表通道"接受中外记者采访人选。

这就是甘露，她用军人的坚毅书写华章，用热烈的情怀成就梦想，用认真的态度树立人生，如一泓清泉，在国际舞台上浇灌着祖国利益的大树；如一滴甘露，滋润着海关归类事业的勃勃生机。

刘传健同志事迹

刘传健，男，现年 46 岁，中共党员，中国民航英雄机长，A-320/B 类教员，2006 年从空军第二飞行学院退役，加入四川航空股份有限公司，已安全飞行 13926 小时。

飞行 27 年来，刘传健始终牢记确保飞行安全这一最高职责，把安全飞行规章标准踏踏实实地落实到每一次航班飞行的全过程，先后执行过川航多个重要航班保障任务。他飞行品质较高，安全记录保持良好，从未发生过一起人为原因导致的不安全事件。

坚守安全第一最高职责——练就过硬的飞行技术和严谨的飞行作风。刘传健认为，安全工作容不得一丝侥幸心理，必须严格按照安全规章和手册进行飞行准备和操作，他坚持要成为飞行业务的专家，把飞行之外的业余时间都用在刻苦钻研飞行理论和飞行技术上。平日，他经常和其他机长交流、讨论飞行技术。2017 年的暑运，他曾经在 13 天里执行了 35 个高原特殊机场的航班任务，并且都是难度较大的九寨、稻城、康定机场。

挑战飞行的极限——勇当国家财产、人民生命的守护者。作为部队出身的资深飞行教员，刘传健的言行举止散发着军人那种严谨、刚毅、沉稳的气质。所以在这次没有风挡玻璃的飞行中，他以咬定青山的川航精神、勇于担当的英雄气概挑战了极限。5 月 14 日 6 时 26 分，3U8633 航班于重庆江北机场起飞，6 时 42 分进入成都区域，飞行高度为 9800 米。7 时 08 分，"砰"的一声，驾驶舱右边玻璃碎了，驾驶舱的仪表盘上开始闪烁着各种各样的预警信息。刘传健抓起话筒向地面管制部门发出"风挡裂了，我们决定备降成都"的信息，同时让副驾驶发出 A7700 遇险的信号。1 秒钟不到，驾驶舱的玻璃被全部吸出窗外。外面的风瞬间灌入驾驶舱，控制着自动驾驶的 FCU（飞行控制组件）面板也被吹翻，导致许多飞行仪表不能正常使用，整架飞机开始剧烈晃动，情况十分危急。刘传健用左手努力握着操纵杆，尽力维持飞机的姿态，右手别扭地去拿位于左侧的氧气面罩。刘传健说："这条航线我飞了上百次，对不同时间飞机所处的位置和情况是非常有把控的。出现这样的特情，我没有别的选择，只能备降。风挡玻璃破裂后，我发现操纵杆还能用，就立刻作出备降的决定，对结果我是很有信心的。"扎实的专业理论、精湛的飞行技术、严谨的职业精神在关键时刻体现出来，刘传健开始了艰难的手动驾驶。这时候，驾驶舱的温度低至零下40摄氏度左右。从9800米下降到6600米，再下降到3900米，直到最后安全落地。

培育优秀的飞行骨干——带出技术精湛、作风过硬的飞行团队。刘传健曾经是空军第二飞行学院的教官，培育出了一个又一个战鹰驾驭者。后来转业到川航，他现在是一名资深的飞行教员。从军人到民航人，刘传健对自己热爱的事业初心没有变，飞好每一次航班，带好每一个学员。正是因为如此，3U8633机组成为一支英雄机组，第二机长梁鹏很早就与刘传健多次搭档飞行，副驾驶徐瑞辰是他带飞的学员，大家训练有素、团结协作、配合无间和良好的心理素质，成就了此次史诗级的备降，保证了飞机上128名机组和乘客的生命安全。

2018年6月8日，刘传健被中国民航局、四川省人民政府授予"中国民航英雄机长"；9月4日，获全国"五一"劳动奖章；9月30日，刘传健及其机组人员受到习近平总书记亲切接见。

李志强同志先进事迹

李志强，男，1964年6月出生，汉族，中共党员，大学本科学历，中国航空发动机集团有限公司沈阳黎明航空发动机有限责任公司发动机装配厂总装工段"李志强班"班长，公司特级技能师、高级技师。

沈阳黎明航空发动机有限责任公司是新中国航空涡轮喷气发动机的摇篮，是共和国空中战鹰强劲动力的诞生之地。1983年，李志强从守备十二师警卫连退伍，在部队因表现突出受到连嘉奖11次，在全师大比武竞赛中成绩优秀受到师嘉奖1次。退伍后，在父亲的影响下，他选择了黎明公司，并在毛主席曾经视察过的总装车间光荣地成为一名航空工人。

李志强所在的发动机装配厂总装工段，肩负中国最先进航空发动机的总成装配任务。作为"李志强班"班长，在几十年的砥砺奋进中充分发挥一个"老兵"铁骨犹铮血性满腔的钢铁豪情，工作严谨、细致入微、敬业奉献、勇于担当，凭借独有的精神特质一步步成长为全国劳动典范和楷模，亲手装配了2000多台次发动机，为国防重点型号生产和研制做了突出贡献。李志强获得2011年国务院颁发的政府特殊津贴、2011年辽宁省"五一"奖章、2012年辽宁省劳动模范、2014年全国"五一"劳动奖章、2015年全国劳动模范、2017年"盛京金牌工匠"、"辽宁工匠"等荣誉称号。2016年，李志强的事迹在中央电视台《大国工匠》节目中播出。2014年，李志强劳模创新工作室被中华全国总工会授予"全国示范性劳模创新工作室","李志强班"荣获"全国最美职工"荣誉称号。

承担使命、勇于担当

航空发动机被誉为现代工业皇冠上的明珠。随着新军事浪潮风起云涌和中国周边局势复杂多变，中国航空工业快速崛起，国防事业迫切需要强劲的中国动力，航空发动机的需求数量激增。2013年，习近平总书记视察黎明公司时握着李志强的手语重心长地说："你们的工作很光荣，很重要！"习近平总书记的这番话深深地铭刻在李志强的心中，让他时刻感觉到自己肩负着重大的责任使命，不断激励他为航空事业贡献智慧和力量。

近年来，某重点型号交付出现了前所未有的困难，每年年底，发动机总装工序面临几乎不可能完成的工作量。李志强从提高团队工作效率、缩短装配周期入手，一方面将操作细化成60—90个工序，把每道工序控制在5—15分钟内，实行两班制接力作业、接续生产，开创了国内航空发动机装配生产组织的先河；另一方面，根据班组员工的装配技能和熟练程度，合理搭配人员，发挥人员的比较优势，提升班组中小团队的综合能力，大大地提高了装配效率，在2013年创造了连续99天完成全年任务量的行业奇迹。2014年，黎明公司生产任务更加繁重。李志强继续在两班倒的基础上合理调配人员，通过优化生产流程，每天减少3小时的生产准备时间，并进一步完善班组标准化作业，作业时间精细到分钟，精简作业小组，平行生产组织，在未增加人员的情况下，将某产品装配时间从两天缩短到一天，完成了超出班产能力80%的任务。李志强更是每天工作 12 小时以上，最长连续 36 小时不下火线，激励班组成员共同努力，创造了单月发动机装配交付的历史纪录，打赢了近乎不可能完成的战役。

攻坚克难、严谨认真

航空发动机的组装是一个复杂、系统的浩大工程，共需装配数万个零件，零件间的衔接异常精细，堪称迫近极致的工业艺术。产品质量要求极为严苛，要靠精密的手工操作，一边调试一边积累经验，才能保证质量。李志强在发动机总体装配、管路故障分析与排除方面有丰富的实践经验，是航空发动机总装配领域的专家。在一次产品排除故障中，李志强打破原有需将发动机分解后操作的做法，在零下近 30 摄氏度的条件下脱下棉衣，只穿一件内衣，从发动机尾喷口钻进发动机机舱并裸露单臂在不到 8 厘米的管路间隙中操作。他凭精湛的装配技艺盲排盲装，连续工作 12 小时，成功排除五架飞机的故障，保证了部队飞行任务需要。

某型号发动机外场发生多起零寿命总燃油管接头漏油故障。李志强组织人员从装配过程、试车过程、零件加工质量等方面进行分析，最终确定密封铜垫硬度过大、零件加工时缺少倒角且零件加工表面粗糙等是造成故障的原因。最终，故障得以彻底解决。某型号发动机弹性片安装一直采用大螺丝刀拧紧固定螺栓，装配耗时耗力且易出现划伤。李志强为此积极构思、大胆尝试，设计研制了螺栓固定旋转器。这一工装经专家评审后投入使用，效果良好，节省装配时间 92%，并且杜绝了弹性片划伤的恶性质量问题，为公司避免了上百万元的废品损失。该工装已获得国家专利。为规范装配操作，李志强还根据自己多年的实际操作经验，总结提炼了装配操作法。某型号发动机总装配过程中，高、低压反馈系统的安装与调试对操作技能要求高，调试难度大。员工装配调试方法五花八门，调试结果因人而异，影响装配质量。为解决这一问题，李志强对高、低压反馈系统的安装与调试经验进行了归纳总结，形成了一套规范的调试步骤与调试技法并在班组推广。该调试法被命名为"李志强调试法"，比常规调试法效率提高了 75%。

创新创效、细致入微

多年来，李志强与班组成员在装配操作工作中，结合每一个装配点，细致入微地探索研究改进创新，持续开展装配操作精益化活动。20 多年来，他参与和直接完成的技术革新项目达 80 多项。2010 年牵头成立劳模工作室后，他积极调配人员、设备能力，凝聚技术、技能人才开展技术攻关活动。2014 年，劳模工作室被中国国防邮电工会命名为"李志强劳模工作室"，同年被中华全国总工会授予"全国示范性劳模创新工作室"。他开展型号创新成果研究和应用，提升员工创新能力，相继攻克了国家重点型号航空发动机装配六大关键技术，创新工艺 126 项，研制工装工具 312 件，拉动各层次技术、生产骨干开展技术创新项目 32 项，申报发明专利 50 余项，开展技术攻关项目 106 项，先后解决科研装配技术难题 52 项。首创并推广航空发动机管路校正与安装的"李志强操作法"，消除了发动机组件的装配瓶颈，采取零件形迹管理、装配车防撞保护装置、接油盒搭板等举措，提高装配效率20%以上。为解决航空发动机漏油这一行业瓶颈，李志强连续两年白天跟班生产工作，夜晚在试车台进行故障排除工作，对发动机的几百根管路进行状态统计，总结出管路漏油的三大原因，通过质量保证措施有效降低了发动机漏油台次，从而减少了发动机重复试车，仅此一项就为公司减少重复试车发生费用2300多万元。

李志强不仅在工作中尽善尽美、细致入微，还细心关照班组每一名员工的发展。在新员工入厂时，他找每一名员工谈心，从其家庭、学习、入厂原因等多方面进行了解，为其安排合适的师傅、制定学习目标。员工在工作中遇到了问题，只要找到他，他都亲自讲解，从原理到操作手法，把自己的操作经验全部传授出去。多年来，李志强亲自带徒10人，有6名徒弟成为高级技师，3名徒弟取得技师证书，1名徒弟取得高级工证书。其中1名徒弟被公司聘为一级技能师，1名徒弟被公司聘为二级技能师，2名徒弟被公司聘为三级技能师。

冲锋在前、敬业奉献

李志强的敬业精神工厂员工有目共睹。最苦、最累、最困难的任务，李志强总是冲在前面。任务紧张时，他始终不知疲倦地奋战在第一线，平均每天加班加点4个多小时，有时甚至干到凌晨一两点钟。2000年12月份，李志强的母亲病危住进医院，但这个时候正是公司为完成打通大修线的第一个全年50台大修机任务的关键时刻。白天他加班加点奋力工作，只有在夜深人静的时候才赶到处在昏迷状态的母亲床边守候。经过全厂干部职工的共同努力，全年生产任务提前超额完成，遗憾的是，他的老母亲却悄悄地离开了人世。当工厂领导得知此事后，握着他的手说：我们对不起你，黎明公司感谢你……

李志强不仅个人敬业，他带领的团队也在敬业精神感召下做出了优异的成绩，逐步成长为行业内久负盛名的金牌班组，用无数的成就赢得了"动力铁军"美誉。班组先后荣获沈阳市先进集体、辽宁省"五一"奖状、全国"工人先锋号"荣誉称号。2014年被中宣部、中华全国总工会联合评为"全国最美职工"。同年，还荣获"感动沈阳十大人物"荣誉，被授予"沈阳市道德模范"称号。

总装配任务一直处于为上下游工序争取时间的特殊地位。因长期加班，吃饭不及时，李志强患有严重胃病。有一次他胃黏膜脱落出血，医生要求其休息。但他依然带病加班加点工作。某型科研机正常需要12天才能完成总装任务，他带领全班24小时连续奋战，通过科学组织、合理安排，只用了3天就出色完成。尽管从未休息一个周末，尽管经常连续工作12个小时，尽管很少陪伴在自己的亲人身边，但他从来没有抱怨，无论遇有什么样的困难，他永远都走在队伍的最前面。在排除漏油的攻关中，李志强不但帮助本班组积极查找问题原因，还主动参与配套生产厂的攻关协同。他提出将容易漏油的导管进行组合打压试验后再装配的办法，为降低漏油率、减少工人的排除故障次数，提高试车的合格率，起了积极的作用。

李志强独有的精神特质和人格魅力，彰显了一个退伍军人的坚韧性格，展现了退伍军人航空报国矢志不渝的炽热情怀，用责任与使命书写着航空人的"中国梦"，创造中国未来。

吴洪甫同志先进事迹

吴洪甫，男，1941年4月出生，河北省广宗县槐窝村人，1959年12月入伍，1965年2月退伍，在中国人民解放军空军地空导弹部队二营服役，荣获国家一等功，回乡后务农至今，2004年开始享受优抚待遇。中央政治局常委、中央书记处书记王沪宁在《光明日报内参》上对吴洪甫先进事迹作出批示。《人民日报》、新华社、《光明日报》、中央人民广播电台、《解放军报》等中央媒体，《河北日报》、河北广播电视台等省内媒体先后报道了他的先进事迹。

表现突出、屡立战功

2014年7月23—28日在中国空军某部，吴洪甫应邀参加了"毛主席接见空军英雄营50周年"纪念活动，文艺晚会上演出了按吴洪甫事迹编排的小话剧，并邀请他上台发言。回忆那段难忘的经历和振奋人心的场面，老人不禁心潮澎湃，往事历历在目。

吴洪甫1959年参军，经过严格刻苦的训练，他成了一名出色的标图员和一级歼机技术能手，具体负责导弹的发射定位工作，给导弹提供目标准确位置、距离等数据，所以，标图员又有导弹上的"眼睛"之称。1962年9月9日，一架美制"U-2"高空侦察机由平漂岛上空窜入江西省鄱阳湖上空，8 时 32 分进入二营火力范围，吴洪甫迅速把"U-2"飞机的航迹标在标图板上并传给指挥部。随着营长岳振华一声令下，三枚导弹直冲云霄，"轰"的一声巨响，敌机瞬间便被击落，这是世界上首次用导弹击落"U-2"飞机。空军司令员刘亚楼等领导迅速赶到现场慰问二营官兵，并给吴洪甫等人记大功一次。周总理来电祝贺："很好，这是个伟大的胜利，看来美国的空中王牌并不可怕嘛！"

美国"U-2"飞机被中国军队击落后，狡猾的敌人提高了警惕，美方电子专家又在"U-2"飞机上安装了对付地空导弹的预警装置——小型机载雷达。部队向二营官兵提出了更为惊人的要求，让他们用 8 秒钟把所有参数准确发送给引导技师，并要求精益求精，而按科学理论推断正常运作时间最短也要 18 秒钟，尽管如此，在班长指示后，为确保万无一失，吴洪甫等技术人员提出可以用 4 秒钟完成，并且不能打开制导雷达天线，在只用目标指示雷达严密监视敌机的状态下，以 4 秒钟时间极快地将计算结果迅速传达给引导技师，在发射后的 2 秒至 3 秒内还要迅速打开制导雷达控制导弹。为了超常发挥突破 4 秒，以吴洪甫为主的地空导弹关键技术人员被营长关在狭小的指挥车内搞技术攻关，这一攻就是十几天。吴洪甫等战士经过 500 多次的开机试验，终于以 3 秒钟的超极限时间把所有参数准确发送给引导技师，从而使导弹部队把从打开天线到导弹升空（共 15 个动作）的时间压缩到 8 秒以内完成。1963 年以后，吴洪甫所在部队先后在江西上饶、福建漳州、广西凭祥上空无一失败地以 3 秒钟将 RB57-D、RF101 及无人驾驶飞机击落。很快，这一消息传遍了全国、震惊了世界。从此以后，我国进入了和平年代也很快取得了制空权。

1964 年 7 月 23 日，毛泽东、周恩来、朱德等党和国家领导人在人民大会堂亲切接见吴洪甫所在营部全体指战员，这是新中国成立后毛泽东唯一的一次成建制地接见一个营级单位，周总理第一个和吴洪甫握手。当晚，周总理还设宴款待了吴洪甫等功臣。陈毅风趣地说："我们是用竹竿把老美的东西捅下来的。"据统计，该营先后有 217 人次荣立个人一等功，曾走出 9 位将军。半个世纪后，为了纪念这一殊荣，部队特邀部分战友（一等功获得者 50 人）参加了精心安排的纪念活动。

立场坚定、严守机密

1965 年 2 月，吴洪甫等 24 名一等功臣就要退役了，营长岳振华把他们召集到一起，开了一个"特殊"会议。会上强调了"两个务必"，即务必不能因地方没安排就闹意见；务必不能泄露军事机密和国家机密。回到家里后，吴洪甫始终保持革命军人的本色，隐姓埋名多年，为国家保守军事机密。即使在儿子致残、母亲瘫痪、妻子股骨头坏死、日常生活举步维艰时，他也守口如瓶，从不向家人提当年的战斗经历，更不用说向政府提要求了。刚回到家乡时，关于中国击落"U-2"及美国无人驾驶机的故事，地方上传得很离谱，村里有些人多次到家里要他证实或者讲一讲细节，但他总是说自己一直在后勤部门工作，这些事一点儿也不清楚。直到 2005 年，吴洪甫偶然在一本军事杂志上看到老营长岳振华讲述击落"U-2"

高空侦察机的战斗经过，才发觉保密期早已过去，这才向别人讲述了这段难忘的经历。

乡亲们近些年渐渐知道了他打落"U-2"的英雄事迹。许多村民感到很意外，想不到英雄就生活在他们中间。常有人劝他，让他拿着立功证书找领导给孩子安排个像样的工作，改善一下家庭生活条件，他却说："咱是庄稼人，靠种地吃饭不丢人。"直到今天，他仍过着简朴的生活，他和老伴儿最常吃的是咸菜疙瘩，最常穿的是武装部发的纪念衫。以他为原型改编的情景剧《忠诚》演出后，部队官兵深受震撼。在北京负责接待他的干部心疼他，于是大伙儿凑了3000元委托原空军副参谋长陈辉亭给他。

回乡后的吴洪甫仍然住在年久的旧房子里，坦然当农民，干农活。只是，他一直怀念兵营的生活，关注着部队的信息。2016年元旦，得知火箭军成立的消息时，他兴奋得好几个晚上睡不着觉，他为祖国的富强感到骄傲、自豪。

2012年，吴洪甫被评选为"邢台好人"后曾接到一位退伍军人的电话："洪甫同志你好，你是否想过向有关部门争取一些物质补偿？"吴洪甫意识到，这个问题很严重，他郑重地说："这位老弟呀，咱可是人民子弟兵，要多想想国家和人民。"在国家、群众和自身利益的考量上，吴洪甫保持了军人本色。

无私奉献、乐于助人

吴洪甫热心、善良，对村里的工作，他总是带头支持、响应。20世纪90年代初，村集体计划流转村里闲置的沙窝地搞特色种植。

因为不了解土地流转，村民们大都持观望态度，谁也不签合同，吴洪甫第一个站了出来，"这是好事，我支持"，他还给大伙儿做思想工作，"沙窝地在咱们手里生不出金蛋蛋，流转给合作社经营，咱们每年吃红利，不亏"。村西路口常年有人扔垃圾，吴洪甫就主动要求"承包"村西口的卫生，每天清扫，已经坚持了多年。看到路上哪有坑洼，吴洪甫就带上煤渣和铁锹，不声不响地填平。

1979 年，吴洪甫 7 岁的儿子被小伙伴误伤左眼，如果不及时做手术，孩子的左眼有失明的危险。小伙伴的家长来了，送来东挪西借的 200 元和几十斤粮票，但这只是杯水车薪。"伤了人，就得管到底"，家里的亲戚众口一词。吴洪甫却犹豫了，他深知农民的苦和累，他不忍一次事故让对方倾家荡产。"别难为人家了，咱受过部队的教育，事该咋办，得有分寸……"一天晚上，他横着心，把老伴儿拽到屋子角落里，可话没说完，老伴儿就哭着跑了出去。吴洪甫借遍了亲朋好友，还是没有凑够手术费。出院前一天，吴洪甫坐在儿子床前，握着儿子的小手，一夜未合眼。由于治疗不彻底，孩子的左眼失明了。"老吴能委屈自己，委屈亲人，却见不得别人作难"，事隔多年，槐窝村老支书杨洪文记忆犹新，他说，"吴洪甫前半生是英雄，后半生更是英雄"。

弘扬精神、发挥余热

近年来，市委、市政府为发扬英雄精神，凝聚正能量，多次组织报告团，深入党政机关、企事业单位、中小学巡回演讲英雄事迹，"学英雄、讲奉献"活动持续不断。吴洪甫老人经常到学校给学生讲述当年部队官兵苦练本领、为国杀敌的英雄事迹，激励青少年奋发图强，报效国家。2011 年 7 月，吴洪甫被广宗县文明办评为"广宗好人"；2012 年 8 月，被邢台市文明办授予"邢台好人"称号；2018 年 9 月，荣获"中国好人榜助人为乐好人"称号。

吴惠芳同志先进事迹

吴惠芳，男，1960 年出生，中共党员，现任江苏省张家港市永联村党委书记，兼任中国社区发展协会副会长、中国村社发展促进会执委，第十三届全国人大代表。

1980 年，吴惠芳考入南京炮兵学院，毕业后到杭州部队工作，1984 年参加对越自卫反击战，1998 年率领部队赴九江抗洪抢险，2002 年任驻浙某师政治部主任。2005 年，吴惠芳放弃师级军官身份，自主择业回到家乡永联村甘做一名农民。他勇于创新，将过去村委会一元治理模式转变为多元、立体的乡村治理结构；他恪尽职守，成立劳务公司，帮助 600 多名低能劳动力就业，每年筹集捐赠1000 万元帮助弱势群体。永联村先后获得"全国文明村"和"全国先进基层党组织"荣誉称号。

吴惠芳先后获得"全国乡村旅游致富带头人""江苏省优秀共产党员""江苏省最美复转军人""江苏省劳动模范"等荣誉称号。

"去"与"留"：从师级军官到优秀村干部

拥有 25 年军旅生涯的吴惠芳曾是一名优秀军人。1980 年，他考入南京炮兵学院，从农民变成一名军人。毕业后，他被分配到杭州部队工作，参加过对越自卫反击战，也曾率领部队赴九江抗洪抢险，并先后在团、师的军事、政工岗位任职。2002年，已任南京军区驻浙某师政治部主任。2005年，吴惠芳作出了人生的一次关键抉择：舍弃城市优越的生活环境，不给部队增加负担，自主择业回到家乡永联村，投身新农村建设，从一名军官变成了村干部。

在军校里，吴惠芳学的是军事指挥专业；在部队里，从事的是思想政治工作。脱下军装，重回"农门"，"战场"变了，成了"三农"战线的一名"新兵"。凭借长期的政治理论学习和扎实的走访调研，以及25年军旅生涯锻炼的把握大局、判断趋势的能力，回到永联村的第二年，吴惠芳主导制定了《关于建设社会主义现代化新永联的决议》，启动现代化新永联建设，并系统提出了新农村建设"六个化"标准，即居住方式城镇化、生产方式产业化、就业方式多元化、生活方式市民化、管理方式规范化、收入方式多样化，全面推进永联新农村建设。2013年，为推进美丽乡村建设，吴惠芳又提出了美丽乡村建设"四美"标准，从产业美、生活美、生态美、素质美四个方面全面推进永联村美丽乡村建设。他的这些理论和观点，在全国农村发展治理专家中都引起了强烈反响。

现在的永联村，综合实力在全国村庄中名列前茅，展露出一幅小镇水乡、花园工厂、现代农庄、文明风尚的"农村现代画"。2015年米兰世博会上，永联村作为中国唯一的农村代表登台展示。吴惠芳也成为农村建设发展的行家里手，先后受邀到中央党校、浦东干部学院、美丽乡村博鳌论坛等作讲座，讲述永联村的发展经验。

"破"与"立"：探索乡村治理新机制

农村是个"大课堂"，走在全国前列的永联村，则肩负起"摸着石头过河"的使命。为探索建立适合城镇化乡村的治理模式，吴惠芳用了10年时间，分四步来解决这一根本制度问题。

第一步：集中居住。2006年，国家住建部在苏州推出了"城乡建设用地增减挂钩"试点，吴惠芳与班子成员通气之后，大刀阔斧地把散居在田间地头的3600户农户全部拆迁掉，将张家港市"城乡建设用地增减挂钩"的1000亩指标全部争取到永联村，建设了占地600多亩的农民集中区——永联小镇，并在小镇上配套建起了农贸市场、医院、商业街、学校等现代化设施。如今的永联人，住的都是大产权、红本子的商品房，在村里就能买菜、上学、治病。

第二步：服务下沉。村民集中居住之后，村域内居住人口也开始急剧上升。吴惠芳认为，农村城镇化既要有城镇化的基础设施，也要有城镇化的公共管理和公共服务。为此，他积极向上级反映情况，陈述原因和建议，很快得到了张家港市政府的大力支持，2009年，在永联村成立了社会管理协调小组，把公安、交警、城管、工商、卫生、消防等机构和执法人员派驻到永联村，实现了城乡公共管理、公共服务的均等化，使永联人享受到了城里人才能享受的公共服务。

第三步：村企分离。1998年和2000年村办企业永钢集团转制时，永联村坚持给村集体留下了25%的股份，也给村民种下了一棵摇钱树。为实现村企共建共享，同时确保企业市场化经营，吴惠芳将永钢集团和永联村的财务完全分开，村企两本账；管理班子分开，村企两套管理人马，两套薪酬体系。企业讲究的是效率优先，按照现代化企业制度经营；村里讲究的是公正公平，按照自治组织条例治理，两者是纯粹的投资关系。

第四步：政经分离。永联村除了持有永钢集团 25% 股份的集体资本，还有 300 多个门面的集体资产，8000 亩耕地的集体土地，年可支配收入达 1 亿多元。同时，永联村有 1 万名村民，1 万多名外来人口，村委会管不了也管不好。吴惠芳决定推进政经分离：一是成立城镇化社区。2011 年，永合社区正式成立，并选举社区居委会，直接隶属于南丰镇政府。二是成立永联村经济合作社。2013 年，通过制定经济合作社章程，对 10676 名社员进行确权，并选举产生社员代表，由社员代表选举理事会、监事会，并聘请经营管理班子，确保集体资产、土地、资本保值增值。2017 年，永联村经济合作社年人均福利分红近 1 万元，年人均纯收入达 4.58 万元。

吴惠芳深知要打开封闭的、熟人社会的乡村格局，实现有理、有节、有序的现代化管理体制机制，必须依靠制度建设。通过 10 年"破"与"立"，吴惠芳将永联村的治理体系基本构建完成：党建引领、区域协同、群众参与、依法办事。

"无"与"有"：推进乡村全面振兴

随着全村基础设施问题的解决、村企关系的梳理，以及城镇化的公共管理服务的到位，尤其是实行农民集中居住后，土地统一流转，由村经济合作社规模化经营管理，农民从土地上解放了出来，再也不需要面朝黄土背朝天了。吴惠芳在思考新的问题：一是除了土地流转费，没有一技之长的农民如何增收？二是现代化农业投入大、见效慢，如何才能提高附加值？

一直以来，永联村集体经济是"一钢独大"，符合条件的村民能进厂工作，很多年纪大了又没有什么技能的村民进不了厂，家庭往往更困难。

2009年，吴惠芳提出要在永联村发展乡村旅游。但一穷二白怎么发展旅游？吴惠芳组织学过旅游、农学、规划的三个大学生员工研究策划发展乡村旅游，半年之后，江南农耕文化园开门营业。为了提升人气，他又在永联小镇上打造了一条江鲜美食街，举办江鲜美食节。经过几年的发展，永联村旅游已经快速发展，"吃江鲜，到永联"成为周边城市的共识，并且带动了400多名村民就业。2017年游客达100万人次，销售收入1亿多元，永联小镇门面也随着人气的提升，年租金收入达1200多万元。

尝到了发展旅游产业的甜头，吴惠芳决定用旅游带动农业：构建一个全产业链——一二三产业融合发展。他将永联村8000亩耕地建成了4000亩的苗木基地、3000亩的粮食基地、400亩的果蔬基地、100亩的特种水产基地，实现了种植养殖基地化；投资建设腌腊制品厂、谷物加工作坊及传统酿酒、榨油等作坊，实现了加工制作工业化；主打长江鲜、农家菜品牌，实现了餐饮美食特色化；成立永联天天配送公司，构建销售、物流体系，实现产品可追溯，2017年天天鲜在新三板挂牌，实现了销售配送标准化；整合永联区域景点及江苏省张家港市东部区域的农业旅游资源，打造长三角市民喜爱的乡村旅游产品，实现了旅游观光产品化。

2014 年，永联小镇被评为国家 4A 级景区。2017 年，永联小镇被江苏省确立为首批 13 家田园风情小镇之一。2018 年，永联村全域旅游发展经验被新华社、《人民日报》《经济日报》先后报道。

"智"与"志"：农村根本问题是人的素质提升

农民不会因为物质富裕了，脑袋也跟着自然"富裕"。吴惠芳在带领永联人致富的同时，一直紧抓村民素质提升，既补"智"又补"志"。

一是抓教育。"永联的未来在孩子"。2012 年，在他的主导下，永联村投资了 1 亿元，建设了设施一流的永联小学。2015 年，他利用苏州市人大代表的身份，提交了《关于均衡城乡教育资源的议案》，引起了苏州市政府高度重视，为永联小学带来了优质教育资源。2015 年，吴惠芳引入北京荷风艺术基金会。在荷风艺术基金会的指导下，永联小学成立了荷风管弦乐团，让永联孩子在家门口就能享受到高雅艺术的熏陶。

二是抓文明。吴惠芳把永联的文明建设分三个层次：传统农民变职业农民，职业农民变文明市民，文明市民变合格公民。最终目的是让农民在社区生活中发声、参与民主自治。为此，2015 年，吴惠芳在村里成立社会文明建设联合会，从公厕文明、祭祀文明、交通文明等一件件具体事情抓起，培养村民的公民意识。如今，永联村已经连续五届被评为"全国文明村"。

三是抓公益。2012 年，吴惠芳在永联小镇上主导建设了爱心互助街，设置学习互助、生活互助、娱乐互助、健康互助四大功能区，爱心互助街的 Logo 是两个交叉的爱心，是吴惠芳亲手设计绘制的，寓意是让永联人在共建中才能共享，不能让人在不劳而获中丧失勤劳致富、艰苦奋斗的意志和能力。2010 年，吴惠芳申请成立了永联为民基金会，每次外出的讲课费，他都捐给基金会，累计 30 余万元。基金会的资金用于村里困难对象帮扶，但条件是每年给基金会捐过款。

吴惠芳从部队师级军官转身为苏南小村庄普通"村官"，目标就是致力于将永联村打造成为中国新农村社会治理的样板，成为中国乡村小镇率先走向世界的标杆。转业 13 年，他不忘初心、继续前进，发挥听党指挥、服务人民、善打硬仗的优良作风，带领永联村乘风破浪、逐梦小康。以生动的实践书写了转业军人在平凡岗位再立新功的精彩篇章，折射出一名军人、一名党员对党和人民无限忠诚、为党的事业无私奉献的宝贵品质。

沈汝波奉献人生 40 载

2018 年 6 月 1 日，立誓一生要做 10 万件好事的优秀共产党员、中国好人、燕赵楷模沈汝波同志因患食道癌，经救治无效不幸逝世，享年 58 岁。

1978 年，沈汝波参军入伍。他所在的班是个"英雄班"，他的班长是"学雷锋标兵"。班长的一言一行，以及革命前辈的先进事迹，深深感动着沈汝波。他暗下决心，也要像班长那样为群众做好事。他给自己定的目标是，一生要为群众做 10 万件好事。

沈汝波在部队 6 年时间换了 6 次工作，可不管干什么，他每天都要挤出时间为当地群众做 4 件好事。部队驻地附近有老两口，无儿无女，又都生了病，日子过得非常艰难。沈汝波在整整 6 年时间里，每周都去二老家，为他们搞卫生、洗衣服，还用自己节省下来的津贴为他们看病买药。由于事迹突出，沈汝波被部队评为"学雷锋先进分子"，并连续三年荣获这一称号。

退伍后，沈汝波来到秦皇岛市蔬菜公司邵岭采购供应站工作。面对新的工作，新的岗位，他刻苦学习，钻研业务，很快成了技术骨干，先后带出 8 个徒弟，都成长为技术能手。业余时间，他还坚持每天为群众做好事，每天早晨 5 时起床，头一件事就是把自己居住的楼道从上到下清扫干净，然后再把楼梯栏杆擦干净，从未间断过。退伍后，他的业余时间充裕了，沈汝波便把每天做好事的数量从四件提高到七八件。

2003 年，沈汝波下了岗，在部队时他学过理发的手艺，就在家对面租了间房，开了一家理发店，取名"党义理发店"，寓意为党的事业尽义务。

沈汝波在理发店的招牌上写明："本店专为下岗困难群体、老年人、儿童而办"，并规定：现役军人、特困职工、残疾人、"五保户"理发免费，逢"五一""六一""七一""八一""十一"及重阳节、教师节等节假日半价收费。他还购置了修车工具，免费为顾客和路人的自行车打气。

为更好地服务居民，沈汝波还自学了按摩，他把每天的 7 时到 9 时和 19 时到 21 时定为免费按摩时间，每天至少按摩 5 人。对于一些行动不便的老弱病残居民，还上门为他们理发、按摩，从来都是随叫随到。

因为曾经是一名军人，沈汝波一直坚持为子弟兵做好事。他每月都去当地驻军给战士们理发，夏天还给战士送西瓜，并义务教战士理发……

其实，沈汝波并不富裕，他挣的钱只够养家糊口，可他却用将近 30 年的时间默默地为群众做好事。有人说他傻，只要多收点费，把更多的时间用在自己的事业上，就能过上好日子。可他的回答总是，"做好事已经是我生命中的一部分，我愿做一只萤火虫，用微弱的光和热，照亮、温暖身边的人。"

2015 年 7 月初，就在沈汝波带着学雷锋志愿者党义服务队到驻操营镇龙泉庄村参观时，感到嗓子不舒服，就连吞咽食物都感觉疼。回家经医院诊断为食道癌。经过一个多月的住院治疗后，沈汝波开始出院治疗。

在刚做完手术的 10 天时间里，他仍不愿放弃做好事的誓言。他对看望自己的志愿者说："我现在病着不能做好事，但你们一定要替我把好事做下去。"在刀口愈合期，沈汝波发现医院地上有瓜子皮、碎纸片，他就忍着病痛，弯腰将垃圾捡到垃圾桶里。

由于长期义务服务占用了大量个人时间，沈汝波的家庭收入微薄。当被问到家人是否曾经反对过他时，他开玩笑地说："我们家人都说，我回家太晚，想跟我吵架都找不到合适的时间。"

先茂里社区是一个老旧小区，过去刑事案件频发。2008 年，沈汝波主动请缨成立"党员义务巡逻队"，组织队员全天轮流巡逻，但他总把凌晨 0 时到 3 时最困烦的时间段留给自己。那年，他的儿子因车祸先后进行了三次手术，住院两个多月，沈汝波仅看望过儿子三次。当时他满怀愧疚地对儿子说："我是一名党员，很多事我必须去做，希望你能理解爸爸。"

做 10 万件好事，是沈汝波多年不曾改变的梦想。有人说沈汝波是在"作秀"，可他不气不恼："如果一场'秀'可以做三十多年，我更希望能一直做下去，也希望有人能像我一样能坚持这样'作秀'。"

2015 年 10 月 21 日，海港区西港路街道先茂里社区"接力沈汝波，延续正心愿"的活动正式启动。当天，社区干部、优秀党员、热心群众和志愿者们，通过举行签字仪式展示学雷锋做好事的决心。现在他们正用画"正"字的方式，记录做过的好事，用实际行动接力沈汝波，延续他的"正"心愿。

齐振国是沈汝波的得力干将。沈汝波住院后，齐振国主动承担起组织志愿者活动的工作。齐振国和 17 名队员主动担负起先茂里社区花园的树木、花卉修剪，以及垃圾、杂草的日常清理工作，为居民提供一个优美的锻炼、娱乐环境。

2015 年加入志愿者服务队的王博，是队伍中的年轻力量。他在先盛里小区开了一家小理发店，几次跟随沈汝波到老年公寓服务时，都将自己的店关门停业。为老人服务时，两个人一起为 100 多位老人剪发。2015 年 7 月，沈汝波患病未能再次为老人服务，王博独自一人完成了两个人的工作。理发三天，疲惫不堪的王博回到家后整整休息了一周。他说："老沈病了不能去，我更要去做好这件事，不能让他担心。"

如今，先茂里社区的居民，在沈汝波和志愿者服务队的带动下，人人都把做好事当成了一种习惯。

为了丰富社区老年人生活，退伍老兵袁玲义务教老年人跳舞；70 岁的朱国顺，主动承包了单元楼门前的卫生打扫任务……除了做好事，沈汝波志愿者队伍还打算组织培训班，为大家讲解家庭理疗、按摩知识。

志愿者服务队的人们都说："我们要像沈汝波那样，做一只小小的萤火虫，用微弱的光照亮周围的人。他们快乐，我们也快乐；他们幸福，我们也幸福。"

沈汝波从年轻时选择为群众服务，至今已近 40 年，并将其作为一种生活方式，默默践行着共产党员的先进性，也诠释着自己的价值观。沈汝波曾说："人没有追求，活着就没有意义。"如今，"接力沈汝波，为民做好事"已经成为秦皇岛市一道亮丽的风景线，他的事迹也被燕赵儿女歌颂、怀念……

宋玺——北大"90 后"女生响应参军，树立青年标兵

宋玺，北京大学 2012 级本科生，原海军陆战队某旅女子侦察队队员。2018 年 5 月 2 日，中共中央总书记习近平来到北京大学考察。在与总书记的座谈会上，曾当过海军陆战队侦察兵的宋玺作

为学生代表发言，分享了她的从军生涯。面对习近平总书记与全校师生，宋玺许下承诺——"争做担当民族复兴大任的时代新人"。

中华儿女多奇志，不爱红装爱武装

宋玺是一名"90后"，2012年，进入北京大学心理与认知科学学院学习。当兵是她从小的梦想。大三那年，她如愿入伍，前往南海某新兵训练基地。在新兵训练的实战考核中，她以全优的成绩加入海军陆战队，成为一名侦察队队员。因表现优异，作为唯一一名女陆战队员加入中国海军第二十五批护航编队。

2016年年底，在远航的中国海军第二十五批护航编队中，宋玺作为唯一的"90后"巾帼陆战队员，也是海军陆战队某旅女子侦察队队员，赴亚丁湾索马里海域执行护航任务，2017年5月至7月，她随护航编队执行顺访任务，作为海军陆战队的退伍军人，也作为一名北京大学学生，退伍回校继续完成学业的她受到了一定的社会关注，也起到了较好的正面引导作用，成功在部队和社会上树立了北大学生的良好形象。

曾是北大十佳歌手、戏剧达人，想当最好的兵

宋玺2012年9月考入北京大学后，作为新生党员参加了学校组织的新生党培，因表现优秀被表彰为优秀新生党员。与其他学生不同，在完成正常学业任务外，宋玺还是一名艺术特长生，作为北京大学学生合唱团的骨干成员参与日常训练并随团代表学校参加各项比赛，是跟随校合唱团征战国际赛场的领唱，2014年，宋玺作

为北京大学学生合唱团领唱出战拉脱维亚的第八届世界合唱比赛，为中国赢得了两枚金牌。同时，宋玺热爱生活，热爱歌唱，也热爱运动，是校十佳歌手，还是活跃在舞台上的戏剧达人和校园运动达人，多才多艺、成绩斐然。

宋玺的父亲曾经是 38 军的一名军人，从一名普通战士成长为一名军官。宋玺自小在部队大院里长大，受父辈的影响，宋玺在心里深深地埋下了军人情愫。

"高考时，我很想报考军校。"深知军人不易的母亲觉得当兵太苦，希望宋玺能够到普通大学完成学业。

"上了大学，当兵的理想一种深藏在我的心里。"2013 年，刚刚成为北京大学大一新生的宋玺将想入伍当海军的消息告诉父母，父母以其年幼不能照顾自己为由打消了她的想法。大二时，面对海军来到学校招兵，宋玺又提出了自己想入伍的想法。可想法一提出，便又遭到了亲友和同学们的反对：报国有很多途径，可以学业有成后再更好地服务国家和军队。参军的梦想虽然一波三折，但宋玺仍然没有放弃。

大四时，宋玺看到学校橱窗里的征兵宣传栏，再次动了心。这一次，她没有放弃。宋玺将报名参加海军的手续都办得差不多了，才将消息告诉家人和同学，在得到了父母的理解与学校老师的支持后，宋玺毅然踏进了海军军营，将军营梦带进了现实。

军营淬火，青春无悔

初入新兵连，宋玺便向往着成为一名两栖侦察"霸王花"。为了能在新兵分配时如愿分配到自己向往的海军陆战队，宋玺给自己制订了更加苛刻的训练计划。五公里越野、攀爬铁丝网、实弹射击，每项训练内容，她都不断给自己加压，双手磨出了血泡，很快就变成了老茧。成功的背后，是她比常人付出更多的泪水与汗水。2015 年 12 月，基地组织实战化考核，宋玺以全优的成绩进入海军陆战队，加入中国人民解放军海军陆战队，成为一名两栖侦察兵，也是北京大学第一位海军陆战队队员，名副其实的两栖侦察"霸王花"。

2017 年 4 月 9 日，在亚丁湾索马里海域，一艘图瓦卢籍货船遭遇不明数量海盗登船袭击，宋玺所在编队的 16 名特战队员急速出击，经过 7 小时的惊险营救，成功将 19 名船员解救并首次抓捕海盗，宋玺和她的战友们用切身行动保卫祖国，维护地区和平。"虽然因为我是女孩子，在后方负责保障，但当时我的心也非常焦灼不安，数着秒盼着战友们回来，盼了整整一夜。最后直到天快亮的时候，他们才安全回来，并且成功解救 19 名被劫持的人质。"宋玺说，"我最自豪的时刻，就是听到被解救的外国船员们举着中国国旗，竖着大拇指对我们说：'Thank you, China！'"

除进行日常特战训练外，宋玺也是编队文艺骨干。护航编队另一重要任务是穿越大洋，代表国家对外进行军事访问，向世界展示中国海军力量，传达和平友好的理念。2017 年 5 月至 7 月，她随护航编队执行顺访任务，先后访问马达加斯加、澳大利亚、新西兰、瓦努阿图。出访期间，作为舰员代表参与了舰艇开放日引导、对外文化交流、甲板招待会等活动，宋玺用干练的作风、浓厚的艺术修养、流利的英文交流展现了大国海军的良好形象。

讲述海军故事，树立青年标杆

作为海军陆战队的退伍军人，也作为一名北京大学学生，退伍回校继续完成学业的她受到了一定的社会关注，也起到了较好的正面引导作用，成功在部队和社会上树立了北大学生的良好形象。在今后的日子里，她将不忘初心，继续发扬军队优良传统，并以党的要求为指导方向，为国家与社会做出更多贡献。

张东堂简要事迹

张东堂，男，汉族，中共党员，河南省渑池县段村乡人，1953年2月出生，1971年1月入伍，在原新疆军区36117部队服役，曾任副班长、班长等职，服役期间先后荣获营嘉奖2次、连嘉奖2次，1977年3月，积极响应国家裁军政策，要求退伍回乡务农。返乡后，先后担任渑池县段村乡四龙庙村民兵连连长、村党支部副书记、村委会主任和村党支部书记。他始终牢记军人本色，坚持发扬大无畏的革命精神，带头艰苦创业，引领群众脱贫致富，所在的四龙庙村由以往的落后贫困村一跃成为远近闻名的富裕村。张东堂同志被授予2017年"全国精准扶贫带头人"称号、荣获2017"感动中原"十大年度人物、河南省第六届道德模范提名奖、2016年"感动天鹅城"十大人物、三门峡市脱贫攻坚优秀党支部书记等多项荣誉。中央电视台、《光明日报》《经济日报》《河南日报》等媒体报道了他的感人事迹，以他为原型创编的大型现代曲剧《大山的儿子》，受到了省市领导和人民群众的一致好评，获得"河南文华大奖"，并作为河南省唯一参演剧目于 2018 年 6 月 23 日、24 日、26 日进京向中央领导和首都群众汇报演出。

他自强不息、退伍不褪色，

永葆了军人顽强拼搏和无私奉献精神

七年的军旅生涯，打造了他坚韧不拔、顽强不屈的性格。作为一名退伍军人，张东堂敢闯敢干，不甘平庸。面对父辈们在黄土地上艰难劳动，换不来富裕幸福生活现实，他毅然放弃在外工作的机会，决定回村带领乡亲们共同致富。从担任村干部的那天起，张东堂就一心想着如何帮助群众寻找致富路子，受自然条件的制约，他先后带领群众在贫瘠的山地上尝试种过山楂、苹果、石榴等，最终都因效益不佳而失败，在挫折面前，他不服气、不认输，靠军人的顽强和拼搏，一次又一次爬起来。正当张东堂踌躇满志带领村民们迈向致富路时，命运却又跟他开了个玩笑：2009 年 1 月，他被确诊患了膀胱癌。4 个小时的大手术，40 多天的住院治疗，让这个压不倒的老兵的身体一下子垮了下来。面对病魔，他不屈不挠，伤口刚好，他就爬了起来，医生叮嘱他要多休息，可他等不得出院，又提前出现在了村里的房前屋后，忙活在乡村的田间地头。几年下来，他先后经历了六次化疗，每天大把大把地吃药，可他依然坦然面对，积极工作。"吃药治不了我的病，只有干活能救命。"面对妻子儿女的担忧和劝阻，张东堂总是这样说。

他响应党的号召，扶贫更扶志，
践行了全心全意为人民服务的根本宗旨

七年的军旅生涯，培养了他心系百姓、一心为民的情操。作为一名退伍军人，张东堂积极响应习近平总书记脱贫攻坚号召，主动进村入户、访民情、跑项目、谋出路，结合实际，制定了"旅游兴村、特色富民"的发展宗旨。先后组织全村 47 户贫困户、低保户到本村的牛心柿、花椒、连翘等三大产业基地参观学习，动员他们发展经济作物脱贫致富。四龙庙村群山环绕，绿水长流，旅游资源丰富，刚建完 3000 亩经济林基地，张东堂又提出"旅游兴村"。为了招商引资，他以"退伍老兵"这个金字招牌先后跑郑州、北京谈项目，2012 年，从郑州招商 2000 万元，投资在村周边荒山上建一个近万亩的观光采摘园；2013 年，从北京引资 5000 万元，环村修建漂流渠；2017 年，他拖着病体，穿着旧军装从山西运城招来一个投资 2.3 个亿，集万亩果园、200 万吨冷库基地和 100 万吨柿子醋基地于一体的立体农业生态观光园项目，预计 2020 年前完工。这些项目的建成落地，既为群众提供了大量的就业岗位，还带动了村里农家乐的发展，群众的腰包鼓了，村集体的收入也开始增加。

他牢记使命、对党忠诚，
坚守了退伍军人永远听党指挥、绝对跟党走的坚定信念

七年的军旅生涯，铸就了他铁心向党、忠贞如一的品质。作为一名退伍军人，张东堂注重加强村委建设，带头履职尽责，心里始终装着党的事业和群众冷暖。任村支书以来，他坚持把抓班子、带队伍作为党建工作的重中之重，针对过去农村党员懒、软、散的状况，张东堂注重抓教育、搞引导，组织全村党员干部把习近平总书记"三严三实"要求牢记心上，抓在手上，用在行动上。经常组织带领村"两委"会一班人及全体党员，认真学习上级文件精神，特别是习近平总书记系列重要讲话，提高全体党员的素质和能力；带领村"两委"会建章立制，制定廉政、财务、党建等制度，保证上级党委和政府政策决议的贯彻落实；建立四龙庙村党员微信群，第一时间公布党员的各项活动，并由全体村民对该村 42 名正式党员实行定期评价考核。在他的带领下，近年来，四龙庙村"两委"班子在抓党员教育，夯实党建基础工作中成效显著，实现了党员干部无违纪，"两委"班子无贪腐，全村无犯罪，党建工作无不实的大好局面，党支部被渑池县表彰为"先进党支部"。

他守土有责，牢固占领基层组织主阵地，
为维护社会和谐稳定，做出了一名老兵村支书特殊的贡献

七年的军旅生涯，培养了他勇于担当、敢于负责的气概。面对观念守旧、经济落后、群众思想不稳、怨声载道的实际，他组织全村党员干部建立联系点制度，坚持每个党员干部联系一个或多个贫困家庭、留守儿童家庭、伤残家庭，充分发挥党员干部模范带头作用，及时解决村民的各项困难。村民宋点本受蛊惑加入邪教"哭教"后，有病不治，有活不干，家里陷入窘境。张东堂忍着病痛，坚持向村民大讲特讲党的富民政策，一边做好他们的思想转化工作，一边帮宋点本等困难村民在荒山上刨坑种树，以实际行动感化宋点本和参与邪教的村民。目前，宋点本和 40 余名参与邪教的村民已与邪教决裂，村里 240 名基督教徒也自行退教，自觉响应党的富民政策，齐心协力带头致富奔小康。在张东堂的示范带动下，为民义务服务在该村党员中已蔚然成风，这些年，四龙庙村党员每年为群众办的实事好事不下百余件，"有困难找党员"已成了群众的口头禅。

人民的守护神——张保国

张保国，男，1965 年 10 月出生，中共党员，1999 年 9 月由济南军区装备部军械雷达修理所转业至济南市公安局工作，现任山东省济南市公安局特警支队作训处副调研员、排爆中队负责人。

张保国同志参加公安工作以来，坚持战斗在安检排爆工作最前线，为维护省会政治安全、治安安全、公共安全和发展安全作出了突出贡献，被誉为人民生命财产的"守护神"，先后荣获"中国青年五四奖章""全国优秀人民警察""全省公安系统模范人民警察""山东省十大杰出青年""济南市道德模范"等称号，荣立个人一等功 1 次，二等功 5 次，三等功 3 次；2018 年 5 月 29 日，被人力资源和社会保障部、公安部授予"全国公安系统一级英雄模范"荣誉称号。

赤胆忠心、献身使命，始终保持铁心向党的政治本色

张保国同志参加公安工作以来，始终忠实履行党和人民赋予

的神圣职责，以实际行动践行了人民公安为人民的庄严承诺。他曾多次对排爆队员说："有排爆任务都不要争，我的党龄最长我先上，如果我不在了，谁的党龄长谁再上。"他是这样说的，也是这样做的。

1999年12月25日下午，市邮局邮件分拣处的工作人员发现一个可疑包裹，上面写着"省公安厅经济犯罪举报中心负责人"收，没有具体收件人姓名，寄件人"埠村煤矿张胜利"也查无此人。包裹单上注明内装皮鞋一双，可重量显然不符。由于此前分拣处曾发生过一起邮件炸弹爆炸事件，所以工作人员怀疑是爆炸装置。邮局的工作人员都撤离了，张保国和战友却全部进入了现场。当时排爆工作刚刚起步，张保国是全市公安机关唯一一名专业排爆手，由于当时的条件很差，没有任何防护器材，张保国只戴了顶从派出所借来的钢盔，找了床被子，小心翼翼地把爆炸可疑物包起来，用手捧着，慢慢往外走。虽然明知这样做的危险性，但他知道自己是一名共产党员，必须这样做。此时，现场带队的两名领导主动靠了过来，一左一右和张保国并肩前行。张保国不再感到紧张，最终把爆炸可疑物稳稳地放到车上，安全运到郊外销毁。

20年来，他先后完成重大活动防爆安检、备勤任务1200余次，成功处置涉爆现场110余次，排除爆炸装置和可疑爆炸物140多个，鉴定、排除、销毁各类炮弹、炸弹等4000多发（枚），销毁废旧雷管30余万枚、导火导爆索51万余米，用鲜血和生命为党和人民筑起了一道坚不可摧的铜墙铁壁。

一不怕苦、二不怕死，始终保持不怕牺牲的英雄气概

张保国同志从事极其危险的排爆工作，每当人民群众生命财产安全受到爆炸威胁的重大关头，他都以大无畏的革命英雄主义气概，危难时刻显身手。

2005年3月2日，张保国带着排爆队将废弃弹药运往山里销毁。当张保国在给媒体记者讲解时，废弃弹药中的老旧发烟罐突然泄漏起火。"快跑！"张保国大喊一声，双手用力推开身边的记者和同事，紧接着飞快冲到火药堆旁踢飞了发烟罐。但他还没来得及跑开，火药堆就在瞬间蹿起了十米高的大火，将他包围。这次事故，张保国全身有8%的面积烧伤，脸部二度烧伤，双手深二度烧伤，落下七级伤残。两次住院，四个月治疗，多次植皮、矫正手术，身上因两次大面积植皮而留下两道50公分长的疤痕。然而，时隔仅仅两个月，不久前还在鬼门关前徘徊挣扎的张保国，又站到了排爆的工作岗位上。2005年5月2日出院第三天，尚在康复治疗期的张保国就出现在省交通医院的爆炸可疑物处置现场，和大家一起警戒、研究方案，指导操作排爆机器人和其他装备，圆满地完成了鉴定排除可疑物的任务。

多年来，无论是鉴定泉城路丰利大厦爆炸物，还是处置遥墙国际机场疑似汽车炸弹涉爆现场；无论是排除泉城路三联商社家电商城爆炸可疑物，还是拆解青岛即墨"10·2"爆炸案爆炸装置，张保国都是第一个穿上排爆服担当主排手，把安全让给战友、把危险留给自己，哪里最需要就出现在哪里，哪里最危险就战斗在哪里。

殚精竭虑、甘于奉献，始终保持人民公仆的革命初心

张保国同志非常热爱自己的排爆岗位，把干好本职工作作为实现人生价值的最高追求，表现了高度的担当精神和强烈的敬业精神。有重大安保任务、在重要节日期间，他都会带领排爆中队民警24小时值班备勤，随时准备出警排险。

2014年1月2日，在张庄路兴济河物流中心，两名男子要运送货物到青岛，工作人员拿到包裹后，闻到一股浓浓的汽油味，当提出要打开看一下的时候，两人却脸色一变，仓皇跑掉了，发觉事情不对的工作人员就打电话报了警。张保国到达现场后，仔细观察这个60公分见方的大纸箱子，这个疑似爆炸物超出了X光透视仪的测量范围，只能通过拆解纸箱，确定证据才能让案件得以告破。面对随时可能发生的危险，他再一次穿上排爆服，担当主排手，从各种角度细致地观察着疑似爆炸物，用那双平时不能打弯的双手坚定地拿起壁纸刀，小心翼翼地划开纸箱的一个角，他屏住呼吸一点一点将割开的小口扩大，仔细寻找着，纸箱内的东西也慢慢地出现在他眼前，是一些废旧的纸条，小心翼翼地清理干净之后，核心的部分出现在他眼前：13公升汽油，两包黑火药，摩托车电瓶，还有最重要的两个电子计时器。经过仔细的观察，爆炸装置的电路原理迅速浮现在张保国脑中，他轻轻一剪，这位时常面对死神的人又一次送走了死神。

在2018年上合组织青岛峰会期间，作为场地安全组的副组长，他夙兴夜寐忠诚履职，连续一百天奋战在一线，力守最后一道防线

以保证万无一失。他先后带队完成场地防爆安检任务 70 多场次，查获各类违禁品 6000 余件，确保了约 39 处场馆住地，近 500 万平方米的任务区域，20 多场临时勤务现场的绝对安全。

锐意进取、精益求精，始终保持永争一流的争先意识

张保国同志始终坚持高标准、严要求，积极适应形势需要，大胆探索创新，凭着不达目的绝不罢休的韧劲和与时俱进、精益求精的钻劲，业已成为全国公安排爆领域的大"工匠"。

张保国在部队就是干弹药专业的，家人和朋友都劝他趁着转业赶紧转行，可转业到公安局时，他又背着老人和妻子干上了排爆专业。等他们发觉后，张保国解释说："这是组织对我的信任。我是科班出身，专业知识比他们丰富。你们说我不干，谁来干呢？"从 2014 年排爆中队转到特警支队至今，已经有 4 年。当时张保国带着 5 个排爆队员来到特警支队，而如今，5 个队员由于各种原因调离了排爆中队，只剩下张保国一个人。有人问张保国："你是年龄最大的，最有资格离开这个随时面临生命危险的岗位，你有没有想着离开？"张保国的回答很简单，也很朴实："这么多年来，我一直把排爆当作一个事业。特警支队这个优秀的集体，给了我好的土壤，让我获得了很多荣誉，有好多年轻队员愿意跟着我学习，我有责任培养出一批比我更加优秀的排爆队员。家人的劝阻、父母的担心、自己的伤痛，还有对女儿的亏欠、对妻子的内疚，这一切都不是我离开的理由。我想当我老了干不动了，我会想起来，我做了这一件事，我为国家做了贡献，我对得起帽檐上的警徽。"

他向书本学理论，向同行学技术，向实践学经验，自费购买机械、电子、心理和排爆方面的专业书籍学习，深入钻研新型爆炸装置的起爆原理和组拆技术，成为国内知名的排爆专家，被省公安厅评为"齐鲁公安英才拔尖型人才"。由他带领处置的青岛即墨"10·2"爆炸案成为全国排爆典型案例，他多次在公安部举办的全国防爆安检与排爆培训班上授课，撰写的十几篇专业论文在"中国安检排爆技术研讨会"及专业杂志上发表并获奖。

张保国同志从事排爆工作三十载，如今已年过半百，在全省排爆手中已经是年龄最大的了，尽管身体残疾，亲朋好友多次劝说，他却从未想要离开自己热爱的这个岗位。他以自己的实际行动，谱写了新时代新征程中人民公安为人民的壮丽凯歌。"献身公安排爆事业永远无悔，保国为民历尽危难无上光荣"，这就是他的铮铮誓言，也是他的人生写照。

退役不褪色的兵哥大抱负——陈垒源先进事迹

陈垒源，男，汉族，福建省泉州市人，中共党员。1985年11月出生，2002年12月参军入伍，2010年退出现役。现任江西兵哥送菜实业有限公司董事长。曾服役于武警江西总队南昌市支队，八年的军旅生涯，给他打上了深深的红色烙印；八年的部队熔炉，让他练就了艰苦奋斗、坚忍不拔、敢想、敢闯、能拼的军人品质。他曾历任战士、班长、代理排长，先后三次荣立个人三等功，所带班两次荣立集体三等功，多次被评为优秀共产党员和优秀士兵。

二十四岁那年，陈堃源戴着红花离开了部队，那时候，心中虽然留恋着对铁血军营的不舍、对兄弟战友的挂怀，但更多的，是对未来人生的憧憬，对理想事业的豪情。从此，八载春秋，陈堃源白手起家、摸爬滚打、奋勇争先，从名不见经传的求职者、创业者到全国工商联代表、江西省工商联执委、青云谱区人大代表、江西省新生代企业家商会党支部书记兼常务副会长、南昌市新生代企业家商会党支部书记兼执行会长，并被聘为南昌市青云谱区征兵形象大使、南昌市人民检察院人民监督员。

陈堃源始终坚持着"当兵保家卫国，退役服务民生"的坚定信念，用热血和担当、忠诚和誓言、追求和爱心，为自己奏响了一段人生的强音，为社会谱写了一曲奋进的浩歌，为时代抒发了一篇感人的传奇。这期间，他光荣地受到了国务院总理李克强，国务院副总理马凯，中央统战部部长、中央书记处书记尤权，全国政协副主席兼中华全国工商联主席高云龙等党和国家领导人的亲切接见。他艰苦创业、践行使命、服务社会的先进事迹被《人民日报》、新华社、《经济日报》、中央政府网、国防部网等中央及省市新闻媒体争相报道。

一身军人情怀，一篇创业传奇

退役之初，从部队回归社会，陈堃源蓦然置身于一片日新月异的洪流，觉得既陌生，又好奇，更多的是无所适从。由于没有专业技能、缺乏行业经验、短少商业资源，陈堃源部队的优越感在一次次求职被拒中支离破碎，他陷入了深深的迷茫、困顿和不安之中。

为了生活，他当过保安，做过司机，一天忙碌下来，陈堃源一次次扪心自问：这就是我想要的生活？这就是我的未来吗？

他开始不安于现状、不甘于寂寞。在部队的大熔炉里练就的艰苦奋斗、坚韧不拔的军人品质告诉他，只有拼搏才有出路，只有创造才有未来。他决定自主创业，开辟一片天地，干出一番作为。

因为在部队做过后勤兵，思前想后，他决定从自己熟悉的农副产品配送开始做起，他拉上以前的两位战友，在八一军旗升起的英雄城南昌打响了自主创业的第一枪。

创业初期，三个人既当采购员，又当分拣员，还当营销经理，每天晚上十点到凌晨两点要去采购产品，凌晨三点多开始分拣，五六点装车，通宵达旦，日复一日。那时候，买不起汽车，只能骑着三轮车去送货，夏天，常常晒脱一层皮，冬天，往往冻裂一道道口子。

2014 年，在全国"双创"的浩荡春风中，陈堃源成立了江西兵哥送菜实业有限公司，80%为退役军人、军人家属，实行全面军事化管理，努力打造一支效率高、执行力强、退役不褪色的高素质"兵哥"团队。公司以 O2O—线上订购、线下配送的模式开启了新的征程。凭借敢拼、肯干、吃苦、耐劳的兵哥精神，他们逐渐在生鲜配送这个所有电商企业都头痛的领域站稳了脚跟，产品种类不断丰富，几乎包揽了所有农产品品类。

2015 年，陈堃源敏锐地抓住互联网技术方兴未艾的契机，对公司进行大刀阔斧的改革，自主研发了平台管理系统——兵哥智慧供应系统，将公司成功转型为"互联网＋平台管理"的电商企业，通过线上与线下相结合，打通配送服务"最后一公里"，并发挥"兵哥"优势，免费提供修理水电、清扫垃圾等便民服务，赢得了百姓的交口称赞。

2016 年，"兵哥"继续推出创新之举，实现"互联网＋农产品"大流通，成为一家真正的"互联网＋退役军人"的电商企业。这一年，兵哥实业成功在上海股权交易所挂牌。

三次关键的转型，五年锐意的创新，陈堃源把握时代脉搏，聚焦民生服务，构建了生鲜配送、餐饮管理承包、社区团购、品牌加盟、退役军人孵化中心、退役军人基金等完善的服务体系。他们立足南昌、布局全国，先后在江西、浙江、福建、四川、上海四省一市成立了分公司 14 家，自建和合作的农场共有 7 个，员工数量从 3 个人发展到 380 人，营业面积从 50 平方米增加到近 2 万平方米，营业额从 2014 年的 200 万元发展到 2017 年的 5 亿元，成为江西省首家军事化管理的电商企业、首家拥有党支部的民营电商企业、首家挂牌的生鲜电商企业，并致力打造江西最大的退役军人及军人家属创业就业孵化基地。

一腔党员担当，一曲爱心交响

陈堃源时刻牢记，作为一个党员的热血担当，把党建当作企业生存的法宝、发展的灵魂。2015 年，江西兵哥送菜实业有限公司党支部正式成立以来，进社区、行帮教、敬老人、捐善款、扶贫弱、慰问抗洪官兵，前后参加社会公益活动三十余次，累计捐资捐物共 300 余万元，帮扶退役军人及军人家属困难户 60 余户。如今，

"兵哥"的每一名退役军人每天都在平凡的工作岗位上为社区孤寡老人、贫困户提供义务帮助。

在全国上下轰轰烈烈开展精准扶贫的浪潮中，江西兵哥帮扶上饶市鄱阳县青泥自然村和南昌县塘南镇西河村，以产业为引领，通过"养殖＋产品"连锁经营的方式，带领他们走上脱贫致富的道路。

南昌县塘南镇西河村八家贫困户，原来只能通过政府低保和社会各界的救济才能够生活，一年仅有的收入也就 1 万元不到，2017 年开始，"兵哥"通过散养黑猪产业脱贫的方式，教他们养殖技术，为他们提供种猪、饲料，然后回购，目前每个贫困户年收入都可以突破 4 万元。这一年，陈堃源被聘为"百企帮百村"精准扶贫顾问。

为了更好地发挥公司党支部和党员队伍的先锋模范作用，履行退伍不褪色的铮铮诺言，在省市党政军部门的支持下，公司分别成立了武装部民兵应急分队和预备役师修理营制配连，陈堃源分别担任大队长和少校连长。公司还建立了市县两级司法系统社区矫正帮教中心，受到广大人民群众的一致好评，公司党支部多次被省、市、区评为优秀党支部，还被树为南昌市党性教育基层基地和党建示范点，陈堃源个人多次被评为优秀共产党员。

一片战友深情，一番兵哥抱负

陈堃源心怀感恩，他忘不掉，是党和部队培养了自己。他深深懂得，兵哥实业的发展，离不开各级政府无微不至的扶持、无数客户毫无保留的信任、各大媒体尽心尽意的宣传，离不开那些始终站在自己身边风雨同舟的退役军人，更离不开兵哥的奉献、兵哥的品牌、兵哥的朝气、兵哥的精神。

陈堃源胸怀理想，他坚持着，以忠诚之心、赤子之心回报国家和部队。他时刻牢记习近平总书记"组建退役军人管理保障机构，维护军人军属合法权益，让军人成为全社会尊崇的职业"重要指示精神，建立退役军人就业创业孵化园和退役军人基金，打造"退役军人＋"职业价值成长服务平台，为退役军人提供职业规划、专业技能培训和就业（创业）服务，为政府分担退役军人就业安置任务，目前已安置退役军人和军人亲属两百多名，帮助三十名退役军人创业。

走进兵哥实业，迷彩工作服、迷彩墙、军旗、党旗、军事化管理标识、部队元素比比皆是，规划这些，陈堃源就是为了时时提醒自己和大家：虽然已经退役，但是军人的情怀、战士的担当不能忘记，有品德、有血性、有灵魂、有本领的要求不能放松，当兵保家卫国、退役服务民生的誓言不能变调。

2018年9月的一天，60多岁的退役老兵周健平来到"兵哥送菜"，熟悉的部队氛围、部队作风、部队感觉让周健平像回到家一样亲切和熟悉，陈堃源了解到周健平转业后分配到国企，下岗后几经择业创业，均以失败告终，如今茕茕孑立，生活困顿。在媒体上看到陈堃源的报道后，他想到"兵哥"找个工作，但是又担心自己年纪大了，会被拒绝。陈堃源告诉他："只要你愿意，兵哥送菜永远都有你的岗位。"随后，陈堃源给他安排了运营分拣工作和当司机的兼职，让他一个月能有5000多元的收入。

兵哥优鲜的合伙人熊玮琦，离开部队后事业一直不成功。当他了解到兵哥优鲜社区团购平台首选退役军人后，在 2017 年加入了兵哥实业，经历短暂的磨合期后逐渐步入正轨，在兵哥的大舞台上绽放了自己的创业梦。

看到这些退役军人在自己的帮助下，实现了自己的就业创业梦，陈堃源充满了骄傲、充满了自豪，更充满了信心，他深感自己身上的担子更实了、责任更重了、追求更明了，一个更加宏伟的构想在他脑海徐徐展开……

"山蕴良玉生月辉，泽藏骊蛟起风雷"，面向未来，陈堃源的愿景清晰而开阔：实施"三精"工程、打响三大战役、实现 300 个目标。第一是实施精英工程，打响人才战略，完成塑造一百个退役军人创业先锋的百人百业目标；第二是实施精品工程，发起品牌战略，实现优选上百品类上千产品上线的百优千品目标；第三是实施精彩工程，部署市场战略，启动拓展百城万店、服务千家万户的百城万店目标。

"志不强者智不达，言不信者行不果"，面对兵哥，陈堃源的蓝图雄伟而坚实：将互联网打造为退役军人就业创业的引擎，通过公司几大"互联网＋"商业板块，启动"三精"工程、三大战役、300 个目标，在百人百业、百优千品、百城万店的扩张中，提供公司本部数以万计的就业创业岗位，培育、造就公司外围为主流业务服务的数十万"兵哥"合伙人和骑手，让公司业务的裂变带动就业创业人数的几何裂变，为退役军人的创业梦想注入强大生命力，力争五年内实现帮助解决 30 万退役军人和军人亲属创业就业的梦想。

退伍不褪色的旅长村支书——林上斗

林上斗，男，1962 年出生，1981 年入伍，2015 年 3 月从原南京军区空军某雷达旅旅长岗位退休。经军地有关部门批准后，带着党组织关系回到福建省尤溪县梅仙镇半山村。村民人均纯收入从 2014 年的 7346 元增加到 2017 年的 10790 元，半山村先后获得"全国首个中华鹭鸟保护地"、省级"美丽乡村示范村"和县级"先进党组织"等称号。2016 年 4 月 12 日，福建省长于伟国到半山村考察当地村务等建设情况时，称赞他是一名"真真正正的人民子弟兵"。

心系家乡，放弃退休安逸生活，决心返乡

1962 年，林上斗出生在偏僻的半山村。他种过田，放过排，做过木匠，当过电机修理工，任过民办教师。1981 年秋，林上斗走出大山，入伍来到原南京军区空军某雷达旅。在部队这座大熔炉里淬炼，林上斗一步一个脚印，从士兵当上了排长、连长，最后成为旅长。在部队期间，林上斗一直挂念着生他养他的那个小山村，曾主动协调当地政府和企业，并带头捐款筹措资金，为村里修路，建老人活动中心、幼儿园和篮球场。2015 年 3 月，林上斗从部队某雷达旅旅长岗位退职，毅然婉拒大企业"待遇不变"的橄榄枝，放弃大城市的优越生活，自愿把党组织关系转到家乡半山村。当林上斗告别身在福州的妻女，真的回到了家乡后，半山村的村民们炸开了锅，有人调侃道："当过旅长又回村，真是傻瓜'二百五'。"

林上斗对此不以为然。离乡 30 多年，看到家乡还是这么落后，他十分痛心："我是人民子弟兵，也是农民的儿子。半山村生我养我十几年，为家乡做点贡献是应该的。现在有了时间，更得踏踏实实为村里干点事。"振兴半山村，林上斗有自己的打算：半山村虽然落后，但也因位居深山，生态环境良好，青山、绿水、民居、鹭鸟、古樟、竹排……处处皆美景，这不就是半山村发展生态旅游的最好资源吗？他和几位支持他的村民先自掏腰包买来几条竹筏，向大山之外的朋友和战友们大力推荐村里"坐竹排、观鹭鸟、游半月岛、看名木古树"的特色乡村旅游项目。开业 3 天，就收入了 1 万余元。"真有两下子！"在 2015 年 6 月举行的村级组织换届选举中，林上斗以全票当选为村党支部书记。

治村如带兵，勇于担责，用真情换老百姓的真心

刚回到家乡的林上斗，面对的是基础条件差、村财薄弱、观念落后的赌博村，因为赌博小则顾不上家，家中老人小孩吃不上饭；大则家财输尽，甚至欠债跑路。林上斗看在眼里，痛在心里。"农民需要一个精神焕发的村庄。"林上斗说。他罔顾威胁，以军人的作风铁腕治赌，一旦发现赌博，必定销毁赌具，没收赌资充公，最终，半山村的赌博现象绝迹。同时，他大力倡导"诚实为人，诚信做事，诚心相待"的"三诚"文化，将公园命名为"三诚公园"，立石书写"诚信明理"。他创作了以孝道为主题的"半山夜话"，在村道两边醒目位置设立宣传牌，以诙谐、生动的语言，宣传优良的道德风尚。他构思并请人制作了一组雕塑立在村中心地段，"媳妇

为婆婆洗脚，孙儿为奶奶捶背"——让浓浓的亲情在村里弥漫。每年春节，林上斗都率村"两委"筹划"三天乐"活动，在正月初一至初三开展丰富多彩的活动，游园、抽奖、体育竞赛、文艺表演……夫妻齐上阵、老幼都登台，乡情加深了，人心更齐了。

民心齐，干劲足，山村旧貌换新颜

"没有好环境，怎么谈得上好生活？林上斗一撸袖子，带着村民说干就干，并以此为契机，开始美丽乡村建设。其间，林上斗召开美丽乡村动员大会和党员村民代表大会 30 多场，组织播放相关电视录像 100 多次，并和村"两委"成员一道挨家挨户给村民发放家园共建倡议书。多管齐下，群众转变了思想观念，一种看不下、坐不住、动起来、快整治的氛围很快形成，"要我干"变成了"我要干"；自觉拆除旱厕 39 个、粪厂 4 个、猪圈 18 个，砍伐绿竹 12 万多根，腾出养鸡坪、蔬菜地 26 块。村民对这些损失至今没要求赔偿，村部仅先给予登记存档。他们多方筹措资金，填埋坑沟并铺设了排污管道，建成了"三诚公园"、垂钓鱼塘、生态停车场、标准化公共厕所、卫生所大楼等一系列民生工程，在全县第一个实现了村道铺设沥青路面，1.5 公里的主道两侧安装了 100 盏太阳能路灯，强电、弱电管线全部下地。实现全村 Wi-Fi 和重点路段监控全覆盖，村容村貌发生了翻天覆地的变化。

善于谋事，发挥区位优势，带领村民共同致富

半山村村小地少资源缺，没有产业，农民缺少收入，大多数劳

力外出打工，是典型的薄弱村。可也正因为偏安一隅，保留了众多香樟、榕树、桂树、皂角树等古树名木，树龄在 200 年以上的香樟树，就有 30 多棵。半月岛外围的树丛竹林中，吸引了两三千只白鹭、夜鹭、池鹭等在此安家栖息。望着眼前的青山绿水、苍翠古木和洁白的鹭鸟身影，一个念头闯入了林上斗的心中：这自然禀赋不就是村里最大的资源吗？何不发展生态旅游业？

林上斗聘请了闽南师范大学专家团队，立足半山村区位资源优势，实行高起点高定位的规划设计，确定把半山村打造成为"闽中山水养生村"、"闽中生态旅游村"。对接县里实施的"我家在景区"活动，开展以"坐竹排、观鹭鸟、游半月岛、看名木古树"为主线的特色乡村旅游，取得了良好的经济效益和社会效益。两年来，全村共接待游客 4.5 万人，旅游产业收入达 410 多万元。农民就业增收的空间得到了拓展，本村 110 多个劳动力直接或间接参与了旅游业和相关配套产业的工作，很多在外打工的农民陆续回到了家乡，在家门口就业。两年来，村民从中实际收入达 230 多万元。村里同步实行产业结构调整，去年种植了 150 多亩牡丹和 20 多亩桂树。全省第一批面积最大的绿桐种植基地（270 亩）在村里落户。今年引进新品种黄金百香果，利用 180 多亩荒田荒山推广种植，着力打造"黄金百香果之村"。

在带领群众共同迈向小康的道路上，林上斗不让一个贫困人口掉队。2016 年 7 月，半山村成立了半月岛生态发展专业合作社。全村 230 户，户户都入股合作社；1060 个村民，个个都投资 200 元股金；同时将 10 万元扶贫资金作为本村贫困户扶贫入股资金注入合作社，所得利润直接让贫困户受益。合作社按照"民办、民管、民受益"的原则，经营生态旅游开发、土地流转利用、林木花卉和特色水果种植等。两年来以春节"三天乐"活动分发日用品的方式，每个村民每次都能分得价值40多元的日用品。

在林上斗的努力下，半山村干部讲奉献，乡贤献爱心，淳朴的民风再度回归，不仅让半山村得到美化，更重要的是村民内心得到洗礼，短短两年间，半山村环境美丽了，民风良好了，田地不荒了，旅游兴起来了，村民变股民了，钱袋鼓起来了，村庄散发着由外及里的全新魅力。

周晓东——把心血撒在乡村原野上的 "最美退伍军人"

周晓东，男，辽宁沈阳人，1966年9月出生，1987年11月入伍，1990年4月退伍，现为海南华光渔业科技有限公司总农艺师。退役28年来，周晓东始终站在国家粮食安全的高度，辗转辽宁、黑龙江、天津、海南、四川等省市，潜心研究春小麦、水稻育种的跨纬度种植。收集整理3万多份水稻、小麦种质资源，建立全球首个私人种源库；解决了春小麦抗倒伏的世界难题；取得了再生稻、北稻南移等突破性的成果；获得国审品种两个，累计为国家增产粮食10亿公斤。他不忘初心，关心支持部队建设，在服务官兵、服务部队方面作出突出贡献，先后被辽宁省军区政治部、辽宁省委宣传部评为"理论武装之星"；2010年11月，被中宣部表彰为全国优秀退伍军人典型，新华社、《人民日报》、中央电视台、《解放军报》等中央媒体相继对他的事迹进行集中报道。

刻苦钻研，勇攀育种科学高峰

航天育种技术是当今最前沿的育种技术。2004 年 10 月 15 日，我国第二十颗返回式科学试验卫星返回地面，带回了周晓东搭载的小麦品系 13 个共计 54 克。从那时起，周晓东进入了航天育种阶段。他先后实施了三次卫星搭载。目前，通过该项技术已经选出小麦新品系 1000 多个。

我国东北春小麦地区和美国、加拿大春小麦种植区的气候、纬度相近，曾经为我国的小麦生产作出过巨大贡献。近年来，由于气候条件的变化，尤其是春小麦新品种的缺乏，老品种退化，造成产量和效益的直接下滑。

为了解决这一难题，他夜以继日地与小麦为伍，辗转各地收集育种资源，筛选淘汰了成千上万的麦种。一千多个日日夜夜过去了，他做了上百次的各种试验。功夫不负有心人，他终于发现了几株特殊的矮秆小麦。在此基础上利用杂交选育的方法选育出了新一代的"铁秆小麦"。2005 年七八月是小麦收获的季节，东北春小麦主产区黑龙江省克山县遭遇了历史罕见的强降雨，全县小麦倒伏面积达 90% 以上。但他在黑龙江省农科院克山分院的试验田里和在解放军沈阳军区克山农场种植的 150 亩小麦却一株不倒，收获后平均亩产达到 800 斤以上，成为北大荒的一道风景，还上了中央电视台的《新闻联播》栏目。

2010 年秋，他在辽宁中部地区试种的小麦、水稻"一年两熟"获得成功，实现了辽宁省传统的大田粮食作物一年一熟种植模式的历史性突破。综合试验数据显示，第一茬小麦平均亩产 400 公斤，第二茬水稻平均亩产 413 公斤，亩产比单种一季水稻多 200 公斤。这种"一年两熟"的种植模式，可节约灌溉用水 30%。

2008 年年底，原农业部主持召开了年度国家春小麦品种试验总结会。从 2006 年开始，全国共有 10 家育种单位参加试验，参加试验品系 14 个，经过 3 年的区域和生产试验，能够达到显著增产水平和符合国家新品种审定要求的品系只有两个，其中就有周晓东的"铁秆小麦"华建 60-1。2009 年全国春小麦早熟组区域试验，12 家科研单位提供的参试品符合国家新品种审定要求的只有周晓东的"沈太 2 号"。

2010 年 4 月 29 日，原农业部组织国内 10 名权威育种专家在北京对周晓东这些年取得的成果进行了专题论证，专家给予一致肯定。专家组认为，周晓东的研究成果，对加快提升我国北方春小麦育种水平意义非常重大。

无私奉献，让高产量始终饱含正能量

小麦育种被政府认定为农业公益事业，国家专项资金扶持，由农业科研部门主抓。作为"个体科研户"的周晓东用个人的努力实现着国家行为，坚持 30 年把公益事业当成自己的事业。行业内没有人愿意研究小麦育种的一个主要原因，是因为小麦是自花授粉作物，农民可以留种。育种单位无法进行垄断经营，不像研究玉米品

种那样可以赚大钱，没有人愿意干导致东北小麦面积极度下滑，影响到我国东北大豆的生产。

周晓东搞小麦育种虽然没有个人效益，但他选育的小麦良种却得到了当地农民的自然推广，农民受益、国家受益。同行们都说他的麦种是"雷锋牌"的。周晓东多次提出，虽然现在搞育种也是市场经济，但不能光想着自己的钱袋子，要多想想老百姓的米袋子和国家的粮囤子。

2013 年 4 月 20 日，周晓东在列车上得知四川雅安发生地震的消息后，立即通过多种渠道查到了雅安雨城区的救灾捐赠电话，联系好以后，即刻通知家人，把储存在仓库里的 1 万斤大米运往灾区。2013 年 8 月，辽宁抚顺清原县发生特大山洪，他又为灾区人民送去 1 万斤大米。

2016 年 5 月 26 日，习近平总书记在黑龙江省委常委会上作出重要指示：中国人的饭碗要永远端在自己手里；黑龙江要为国家粮食安全做贡献，成为压仓石；我国北粮南调这种状态将持续很长时期。周晓东带领他的技术团队全面落实总书记的嘱托，通过实施北稻南移工程来落实北粮南调的科技创新。2017 年 4 月，周晓东在三亚对东北 1000 多个水稻品种进行测试，终于选育成功 6 个口感相同、产量相当的东北水稻，从根本上解决了稻米在海南的口感不佳问题。2014 年，经国家农科院推荐，周晓东参与三亚国家水稻公园的总体规划和建设，并和袁隆平同地试验。周晓东根据三亚气候特征、环境特点，实施阶梯循环种植法，把北稻南移项目做成了农业观光项目，让水稻金黄的丰收景象成为三亚一道亮丽的农业种植景观。2017 年 2 月 16 日，原中央军委副主席迟浩田参观周晓东的试验田听到他的事迹后给予了高度赞扬，欣然为其题词：学雷锋不忘初心，谋创新硕果累累。

爱国拥军，不求回报支持部队建设

周晓东的爱人在海军服役，常和他讲起守岛官兵缺少淡水和新鲜蔬菜的困难。为支持部队建设，让妻子安心服役，他搬家到三亚，利用专长研究解决官兵困难。2014 年，他成功研发了新一代的海水淡化机，将岛上的淡化水成本降低到 3.5 元 / 吨，水质达到国家一类饮用水的标准。为尽快让官兵喝上优质淡水，他亲自上岛为驻岛官兵安装设备，返航时，因风浪过大，在加固夹板设备时，周晓东头部撞到机舱，造成颈椎骨折，耳膜穿孔，因压迫神经，左腿功能活动受限，左眼视觉神经损伤。岛上的蔬菜生长条件恶劣，瓜果类蔬菜长势不好，只能种叶菜，产量也不高。为解决官兵生活困难，周晓东在三亚自己的试验地养猪、养鸡、养鸭、育苗、种菜。蔬菜成熟后就用渔船为岛上输送茄子、辣椒、黄瓜、西红柿。这些年累计为岛上官兵免费送去新鲜蔬菜 12 万多斤、猪肉 1 万多斤、鸡蛋 1 万多斤。为了实现岛上蔬菜、水果自给自足，他让渔船出海时每次必须给岛上带 1 立方米的土壤，累计送去土壤 200 立方米，并亲自登岛指导官兵种菜。2018 年他又给岛上的菜园子安装了自动喷灌设施，实现了雨水自动喷灌。现在岛上瓜菜能够正常生长，还可以产西瓜和香瓜，如今黑色旱稻在岛上也种植成功了。

为方便给官兵送菜，周晓东自费租了两艘渔船，只要岛上官兵有需求，他们就全力服务，被守岛官兵们亲切地称为"海上拥军110"。2017年10月，由于岛上的施工单位疏忽，工程竣工后发现缺少一盘300公斤重的电缆，致使工程无法供电，然而单独运输运费需要10万元，于是部队请求周晓东给予紧急帮助。周晓东立刻调整出海时间，免费给岛上送去了电缆，保障了岛上按时送电。2018年春节前，岛上因战备任务需要，请求周晓东帮助运输物资，周晓东就通知船只立刻停止海上作业，全力保障部队运输。这些年来，只要守岛官兵需要帮助，他从不讲条件，不向部队要一分钱，做到有求必应。这些年仅为部队承担运输义务就多增加燃油消耗100多吨。十几年来，周晓东与守岛官兵结下了深厚的友谊。周晓东十几天见不到岛上的官兵们就觉得缺点什么，战士复员退伍回家，都来看看这个"姐夫"，周晓东的家成了老兵的军供站和中转站。军属来部队探亲在三亚转车换船，他派人去接站送站，安排在家里住，像亲兄弟一样热情招待。据不完全统计，这些年拥军的费用累计超过了200多万元。

郑璐先进事迹

郑璐，男，1982年3月出生，2000年12月入伍，2002年12月退伍。中共党员，本科学历。现任内蒙古自治区乌海市电业局输电管理处高级技师。

郑璐，一名来自内蒙古电力公司乌海电业局高压输电线上的"特种兵"，他曾是鄂尔多斯武警支队机动中队的一名战士，现今跨越成为全国电力行业的技术能手，从事着电网中高压输电线路的维护检修工作。每天郑璐身穿迷彩服、肩挎望远镜，行走在高山沙漠、戈壁荒原，用双脚丈量着 1400 多公里的输电线路，在野外的孤寂中体味艰辛、艰险、艰难，在万家灯火中展示坚强、坚韧、坚守。

每当郑璐登上铁塔回头望时，洒下的汗水已变成了一笔笔人生财富：2009 年被评为"乌海市十大杰出青年"、"全国电力行业技术能手"、"全国优秀复转军人"，2012 年、2013 年荣获"自治区五一劳动奖章"，2016 年荣获"全国青年岗位能手"荣誉称号、"全国五一劳动奖章"。"郑璐创新工作室"被自治区命名为"内蒙古自治区劳模创新工作室"，有多项成果获得全国优秀创新成果奖，为安全送电提供了技术支持。

当兵就要站好自己的岗。输电线路大都分布在野外，一旦发生故障通常遇到的都是恶劣极端天气，这时，郑璐就是一名冲锋陷阵的士兵，做到"哪里有高压线路故障，哪里就有输电工人的身影"，无论气候怎样恶劣，路途怎样凶险，他都和工友们背起工具和材料出发，寻找故障，尽快抢通，面对过多少次苦脏累险，挑战过多少次心理极限，他觉得输电工人就是守卫高压线路的"特种兵"。2008 年春节，乌海地区出现了罕见的黏雪天气，高压输电线路发生冰冻灾害，一夜之间 6 条 220 千伏线路发生跳闸，郑璐接到抢修命令，迅速组织检修人员抗冰救灾，连续奋战 10 天，恢复供电。当看到节日期间的万家灯火时，他说："当兵要站好自己的岗，输电人就要守好自己的线。"

学者就要善学习肯钻研。作为输电维修人员，不仅要有坚韧不拔的干劲，还要有良好的专业技术。他常对同事们说：干这行，热情、体能、学问、技巧缺一不可。在输电这个行业要想被别人认可，专业技术必须过硬。为了能干好带电作业工作，13 年来，郑璐先后去过多个省市学习同行先进的技术理论，在学习过程中为了加深印象，他画了很多现场操作图，反复模拟操练。经过几年时间，就从一名初级工，变成了专业技师，掌握了 15 个输、配电项目的操作要领和技巧，通过开展带电作业，保证了不间断供电，提高了供电可靠性，为企业创造了良好的社会效益和经济效益，每年多供少损电量 1000 多万千瓦时，创造经济效益 300 多万元，为用户挽回经济损失 1000 多万元。在内蒙古自治区职业技能大赛和内蒙古电力公司第十一届职工职业技能大赛中，郑璐带领的 9 名输电队员，为了实操项目能够更加纯熟，每天在铁塔上反复练习 6 个多小时，一个动作一个动作地纠正，直到练熟为止。晚上回到驻地也顾不上休息，带领大家抓紧时间复习理论知识，队员们每天都在超负荷地训练，却无人叫苦喊累。经过 80 多天的全封闭深层次训练，大家像一只握紧的拳头，打出去虎虎生威，最终，他们获得了内蒙古自治区职业技能大赛输电、配电线路两个专业第一名的好成绩，这也是自 2008 年以来，他们连续四届夺得自治区级输电带电作业第一。他个人获得输、配电两个专项第一，在他的带领下，将乌海电业局的带电作业，打造成为内蒙古电力公司特别能打硬仗的"尖刀班"，正所谓有铁打的"工头"，就有钢铸的"兵"。

带出军人一样的检修队伍。通过技能大赛让郑璐更多的明白了，"没有完善的个人，只有完美的团队"。在日常的安全生产中，他想的是自己不仅要做一颗螺丝钉，更要做一把扳手，把身边的所有螺丝钉上紧、上安全。工作性质的艰苦，责任的重大，使郑璐发现输电工人同样要具备军人"召之即来，来之能战，战之能胜"的作风和斗志。因此，他在输电处推行军事化管理，从领导到职工，只要是去线路工作，全都着装整齐，出工前必须集合站队、清点人员、宣读工作任务、提出明确要求。这样才能更好地和检修人员融合在一起，才能用严格的纪律和安全标准保护好大家，促进团队和谐。就是在这些"特种兵"的守护下，郑璐带领团队创造了连续4069天安全生产无事故的记录，2011年、2015年创造了内蒙古地区220千伏线路"零故障、零跳闸"记录，设备可用率年年都保持在99.8%以上。

创新的火炬点亮青春的色彩。为了紧跟输电先进技术，郑璐开始学习和了解国内外带电作业工具的发展动态和先进技术。针对输电线路易工业污秽影响发生故障，他研制了"电动硅橡胶绝缘子清扫器"，可在输、变电设备带电运行情况下，对脏污绝缘子进行清扫，只需按动电键即可进行工作，操作起来灵活方便，大幅降低了人员劳动强度，避免因停电检修造成用户损失。经过一年使用，创造经济效益33多万元，该成果一举拿下公司、自治区、中国质量协会成果三项一等奖。

2011年，以郑璐名字命名的"郑璐职工创新工作室"通过电力瓮验收挂牌，极大地吸引了基层职工参与到创新工作中来。为了使输电检修更加安全高效，郑璐摸索出了一套工具加工、技术革新、管理创新的工作方法，开发出多项管理型创新成果，其中"图文并茂的电子台账"、"四季维护网络图"等使输电管理进入了流程化、标准化、精细化。在线路巡视方面，他着手推行"线路巡视个人包线制"，将维护模式由原来集体型转变为个人包线制，打破"大锅饭"。个人薪酬定级、评先推优，一切以分包线路的安全状况"说话"，使"机械"式的工作"活"起来，充分调动职工工作积极性。

郑璐就是这样，肩负着"播撒光明"的神圣职责，坚定地做一名常年守卫输电线路的"特种兵"，带领输电管理处这样一个军事化团队，用他们的努力换取千里输电线路的平安运行。

奉献大爱铸军魂——胡晨先进事迹

一个无偿捐献器官的壮举，让人们记住了特别的你——一位出生在铜陵市枞阳县雨坛镇双丰村自强不息的退役军人胡晨。

你的人生定格在 31 岁，原本是施展抱负、建功立业的大好年华，你却英年早逝，亲人潸然泪下，战友扼腕叹息，朋友唏嘘不已。你身世坎坷，但从不向命运低头；你心系国防，扎根军营，奉献社会；你在弥留之际，强忍着病痛，毅然点头示意捐献自己的 1 个肝脏、1 对肾脏和 1 双眼角膜——你要把这人间大爱传递下去，把生的希望和健康幸福留给素昧平生的他人。

5 月 10 日 13 时 30 分，胡晨的心脏停止了跳动。在省红十字会器官捐献协调员的见证下，合肥市第一人民医院器官获取组织（简称 OPO）的专家立即进行了器官获取手术，成功摘取胡晨的 1 个肝脏、1 对肾脏和 1 双眼角膜，植入 5 位患者的体（眼）内，使他们重获新生。

5月15日，在合肥市第一人民医院，你捐献的1个肝脏、1对肾脏移植工作已经结束，3个患者接受受体康复非常好，准备近期出院。你的1个肾脏移植给了一个13岁的小朋友，他患尿毒症综合征已经五年时间，亟须等待器官移植，因为家庭条件比较差，整个捐献过程是接受社会资助来完成的，目前康复是比较良好的，准备近期出院。他们获得新生就是对你最大的告慰。

合肥市第一人民医院OPO器官捐献协调员杨娟说，你是安徽省首例退役军人捐献器官者，为你生前为祖国的国防效力，死后还能做出大爱的行动，帮助更多的家庭而感动。她说："今年截至目前，我省已经进行了37例的器官捐献，较往年有了很大程度的提升，随着社会的进步，公民精神文明的提升，有了胡晨的榜样带动，这项彰显大爱、无私奉献的事业一定会被越来越多的公民接受、理解和支持。"

合肥市第一人民医院肝胆外科主任黄俊说，人体器官捐献工作是近几年国家主力推动的项目，有利于社会，有利于受体。特别是中末期肝病或者肾病患者，没有捐献的供体，结果是不可设想的，只有推动这项工作，有了供体，有了器官，他们的未来才有希望。近两年铜陵市大力宣传推进精神文明建设，器官捐献工作进展是非常快的。"胡晨虽离开了我们，但留给我们的却是满满的正能量。"

"胡晨是个好孩子！"你知道吗？父亲胡曙光说到你，总是以这句开头。他接受了你离去的现实，但中年丧妻，现在又白发人送黑发人，心里的痛楚让老人哽咽、颤抖。父亲说，你7岁的时候，母亲就去世了，许多时候是你带着才 4 岁的弟弟，哥俩相互帮助，也从不和其他小伙伴争执，在学习之余还要帮忙家里做农活，从不叫苦叫累。"虽然我自小腿就残疾了，但我受党的教育，有党组织的关怀，有社会的温暖，我要靠我的双手劳动，把俩孩子拉扯大。"年复一年，日子过得不富裕，甚至有时还很艰难，但看到你们两兄弟听话懂事、茁壮成长，从小学升初中、再读高中，父亲劳累之余更多的还是欣慰。

"我们这个家族可以说是军人世家。我伯父是 1938 年参加革命的八路军、我叔父也参加了八路军，我弟弟也参加了中国人民解放军，他们都为革命和国家建设做出了贡献，也为家族其他人树立了榜样，传承了正直善良、乐于奉献的家风，我大儿子胡晨很小就有了参军的愿望，自他兄弟俩都参军后，我们这个家族先后有 8 人参军。"父亲说着，拿出了你 2004 年 12 月写下的入伍志愿：我从小就喜欢军人，很崇拜军人，他们都经过部队的教育培养，训练有素，用自己的生命来保卫祖国领土的完整和人民的安全，他们都有着一种大无畏的精神。我早就想当上一名军人，同他们一起保卫祖国，我希望永远留在部队，为国家为民族而奋斗。2004 年年底，中国人民解放军某部后勤部队里出现了你的身影。

两年的军旅生涯，部队大熔炉的锻炼，更让你甘于牺牲的精神得到升华。第一年你就被评为优秀学员、第二年再被评为优秀士兵，你本有机会继续留在部队去实现你的人生梦想，但你却食言了。你打电话给叔叔说要退伍回地方。叔叔接到电话时很惊讶，你是学驾驶的，当时在部队学驾驶要签保证书，必须服务 5 年以上，你是优秀学员，即使部队精减也减不到你的头上。你说你的部队要裁减三分之一员额，但身边还有其他战友更需要留在部队，想把机会让给他人，同时父亲残疾并逐年苍老需要回去照顾。叔叔说，听你说完理由，他心里热乎乎的，放弃了让你继续留在部队的想法，支持你回去照顾老人。你的叔叔也是坚强的老兵，但说到你，他的眼眶湿润了："我那侄儿真是个好孩子。"

在部队你是优秀士兵，回到地方，你依然是好男儿。在你和家族其他人的影响下，你的弟弟胡飞毅然选择走进军营，为国成边，而你也坦然担负起照顾父亲、持家致富的重担。有了部队的锻炼，你最不怕的就是吃苦，最不缺的就是勤劳，你和父亲一道在北京务工，各种水暖业务你很快就驾轻就熟，专心细致为客户服务，你总是得到客户的好评。在外务工的那几年，你的父亲很开心，因为有你在，你总是挑最重最难做的活做，坚决不让父亲累着。"胡晨成家后，邻居都说我们是幸福的一家。"父亲胡曙光说。

正当你憧憬未来时，不幸却降临了。

2015 年，你刚成为父亲，还没来得及多看几眼才出生的儿子，你的爱人却因怀孕导致心衰，剖宫产后病情恶化，你们是自由恋爱结婚的，夫妻情深，哪怕倾尽所有，你也要抢救妻子的生命，但已无力回天。那一刻的悲痛，父亲和你都懂，你们的选择都一样，坚强面对。你把襁褓中的婴儿交给父亲，只身一人再赴北京，你想的还是为赡养老父、养育小孩而奋斗，但你恰恰没有想到的是自己的健康。2016 年，你不幸患上了病毒性脑炎，病情迅速恶化，持续出现癫痫发作症状，其后大部分时间都是在重症监护室度过。

你的正直善良，你的不幸遭遇让许多爱心人士为之动容。你在北京的房东为你联系红十字会寻求帮助，联系媒体向社会求助，都得到了积极响应。2016年以来，你的病情持续恶化，瘦弱的父亲带着你四处求医的过程中，当地党委、政府和社会上许多爱心人士都伸出援手，很多人为你捐款却不留名。

病情一天天恶化，生命随时可能走到尽头，你已经不能说话，但在和父亲眼神的交流中，父亲知道你还有最后的愿望要实现。当他说出你是不是想走后通过红十字会捐出自己有用的器官，去救助那些需要救助的人，把社会给你的爱传承下去时，你毅然默默地点头。

捐献器官是你最后的遗愿，但当前在农村却对此举还有误解。你的父亲是忍着无边的悲痛、顶着巨大的压力在捐赠书上签了字。他说："当时我的手在抖，人心都是肉做的，无论多少钱我也不买卖我儿子的器官，我只是为了完成他最后的遗愿。"

你的叔叔说："我们一家人都是受正直善良的家风熏陶，侄儿胡晨传承了家风，又受到部队的教育，死后把器官捐献给需要的人，给其他家庭营造幸福，我为侄儿感到很欣慰。"

你的弟弟说，小时候他走不动路的时候，都是你背着他走。你的忠孝感染了他，他入伍8年，毅然放弃了继续留在部队的机会，选择退役回家照顾病重的你，接过你赡养父亲的担子。他说："哥哥的儿子现在成了孤儿，但我也要培养他，视如己出。"

生命短暂，大爱无疆。

你火热的青春仿佛化作那一抹流星划过，稍纵即逝，但却在夜空中留下了亮丽的一瞬；你无私的大爱滋养了枞川红色基因，铸就了永不褪色的军魂。

徐文涛同志事迹

沈阳市军休干部徐文涛同志，1951 年 5 月生，1970 年入伍，1973 年 9 月入党，大校军衔，技术五级，高级工程师，2011 年退休，现为中心第五党支部副书记。在职期间，曾先后担任后勤首长秘书、医院副院长、后勤副参谋长、二分部副部长等职。

徐文涛同志在退休前及退休后的四十余年革命生涯中，牢记宗旨、不忘初心、忠于党忠于人民，爱军习武、勤奋工作，自觉以雷锋同志为榜样，处处严格要求自己，继承和发扬党和军队优良传统，为党和军队后勤建设做出了重要贡献，曾多次立功受奖。退休安置到中心后，继续传承红色基因，中央及省市媒体多次报道他的先进事迹。徐文涛同志先后被评为全国关心下一代先进工作者、全国五好文明家庭标兵、全军优秀退休干部、辽宁省道德模范、辽宁省国防教育先进个人、沈阳军区学雷锋标兵、感动沈阳十大人物等，他是我党我军一名优秀党员和优秀军休干部。

徐文涛同志于 2004 年，主动辞去后勤二分部副部长职务，从实权岗位退出，毅然担负起筹建后勤史馆的重任。在当时一没有展厅、二没有文物、三没有资料、四没有现成经验可以借鉴的情况下，从一张白纸起步。他既当馆长又兼编辑、设计师、工程师和文物征集员。白天走访老干部，调查研究、搜集文物；夜间读书思考，撰写布置大纲，当时一天睡眠不足三个小时，他还身患高血压、糖尿病，但他全然不顾，一心扑在史馆建设上，他心中只有一个念头"天下事难不倒共产党员，一定要建成一个人们爱来、爱看、爱听、传播红色文化的高标准后勤史馆"。

徐文涛同志经过艰苦不懈的努力，克服了建馆中遇到的各种挑战，最终成就了奇迹。仅用不到两年时间，就将原来机关废弃的食堂，改建成了全军第一座战区级的后勤史馆。将一个拥有 3500 平方米、2 个综合展厅、6 个专业展馆、2000 多幅历史图片、500 多件珍贵文物、5 万多充满激情文字的说明，展现在大家面前。自 2006 年 8 月 1 日开馆以来，共接待 200 余场次、20 余万观众，并亲自担任解说。前来参观的部队官兵、地方领导和广大群众对史馆给予了很高的评价，他被群众誉为全国数千个博物馆中年龄最大、级别最高、最有魅力的讲解员。

徐文涛同志曾被聘为国家首批国防教育专家，沈阳市"五老"报告团团长，红色基因讲习所所长，17 个部队单位和 7 所地方院校的名誉校长或客座教授、德育辅导员，并经常受邀参加社会公益活动。

徐文涛同志的事迹先后被《人民日报》《辽宁日报》《解放军报》、中央电视台、新华社等多家媒体宣传报道，在军内外引起了强烈反响，"好人效应"不断扩散。

徐文涛同志的先进事迹教育中心全体休干，要做新时代"雷锋式"的先进休干，学习他坚韧不拔、持之以恒的忘我工作精神；学习他孜孜不倦做红色传人、坚守红馆的决心；学习他不忘初心、牢记使命，常年带病坚持为来访的观众讲解历史，传播正能量的毅力；学习他传承红色基因、举旗铸魂、砥砺忠诚的品格。要在徐文涛同志高尚品德影响和带动下，振奋精神、奋发有为、爱岗敬业、人人争当一名合格的共产党员，为促进和加强军休事业的发展，做出更大的贡献！

殡仪战线的"天堂使者"——徐申权

他是一名普通的火化工人，十几年如一日，送走无数人间过客，抚慰了千千万万个伤心家属，被社会各界称为殡仪战线的"天堂使者"。他就是麻城市殡仪馆火化工——徐申权。

——

2003年9月，在部队服役13年、荣立3次三等功的徐申权转业。"没想到竟然被安排到了麻城市殡仪馆。"回忆接到组织通知的那一天，徐申权清楚地记得那天自己很失落、很纠结。作为部队里为数不多的光学技师，曾多次立功受奖，转业竟被安排在殡仪馆当火化工，这一工作与他童年时期的梦想相差何止十万八千里？当时父母、妻子都坚决反对，毕竟，无论是在城市还是在乡村，没有人会认为火化工是一份正常人能够接受的工作。一些战友听说他被分配到殡仪馆，纷纷劝他辞职，一起去南方下海。

是退出，还是接受挑战？入伍到转业这十多年的点点滴滴一幕幕在徐申权脑海闪过。"自己接受了部队和党多年的教育，怎么能对组织分工挑三拣四呢？现在殡仪服务工作需要我，我能当逃兵吗？"经过一天一夜复杂的思想斗争后，第二天，他毅然决定去殡仪馆上班。

二

"提起火化操作，任何人都感到毛骨悚然。"徐申权说，第一次火化的是一名慈祥的老人，在师傅的带领下，他艰难地完成了任务，可是晚上他连饭都吃不下，夜里老是做着噩梦，久久不能入睡。

"干一行，就要专一行。"这是徐申权当兵多年的座右铭。他虚心好学，不懂就问，以馆为家，在同事们的帮助下，用了短短两个月的时间就熟练掌握了火化操作的全部技术，迅速成长为麻城市殡仪馆一名业务骨干。

"朋友办喜事，我一般不去，害怕别人忌讳，以免弄得大家尴尬，我会为他们祝福。但当人们需要我时，我会尽职尽责。"这是徐申权常说的一句话。十多年来，他记不清有多少个战友聚会不能参加，有多少个大年三十未能和家人吃一顿团圆饭，有多少个深夜从暖和的被子里起来工作。

对于逝者来说，殡仪馆是人生的最后一站。火化尸体说起来是一个简单的过程，其实不是那么容易，这中间需要火化工付出艰辛的劳动和汗水。

"宁可自己千辛万苦，不让丧属为半点难"，这是他多年来的工作理念。为让逝者走得更安然、更踏实、更体面，火化工的工作只有做得更细、更好、更人性化。徐申权说："我们的工作就是对逝者亲人的慰藉，也是对逝者本人生命尊严的最后一次呵护，工作中容不得出现任何差错。"他在火化操作时，都要将每具尸体的寿衣弄整齐，枕头放稳，垫脚放好，铺单摆平整，进入火化炉膛后再适时调整位置。特别是夏天，车间温度高达40多度，一进车间身上的衣服就湿透了。工作中还经常遇到腐乱变味的尸体，异臭无比，但他总是顶住心理压力，照常工作，一丝不苟，小心翼翼地去善待逝者，直到丧属满意。

由于受传统土葬观念影响，少数丧者家属情绪特别激动，对火化工发脾气、说一些难听的语言。面对丧属的不理解行为，他始终保持"逝者为大"的心态，充分理解丧属失去亲人的悲痛心情，耐心地做好解释工作。

2012年10月，来麻城务工的江苏籍谢某因事故不幸去世，其家人觉得尸体放在异地很不放心，坚决要求将尸体运回老家。得知情况后他主动与丧属进行沟通，做他们的思想工作，尽可能地满足他们的要求，消除他们的顾虑，使尸体顺利火化。谢某家属非常满意，事后拿出200元钱表示感谢，被他婉言谢绝，他说："这是我的职责，让逝者一路走好是我的本职工作。"

三

13年来，他很少有节假日，遇到同事有事请假，他总是主动给他们代班顶岗，即便自己患病也总是咬牙坚持。火化炉里温度高，产生的火花如同电焊光弧，对眼睛损伤很大，一天下来，眼睛总是又胀又痛。由于常年在高温、干燥的环境下工作，胃火重导致的口腔溃疡对于他来说是挥之不去的影子。

2013年腊月二十六，在值守完一个通宵夜班后，他在下班前给火化油桶里加油时，不小心摔了一跤，左膝盖刚好撞在坚硬的水泥大梁上，十分疼痛。他强忍着，继续加完油，做好工作交接才回家。哪料想，此后疼痛逐渐加剧，因为当时正值年关时节，大家都忙，他不好意思请假，也没有过多在意膝盖，一直忍痛坚持工作。一直到正月十六，实在忍不住了，去医院拍片检查，才发现有异样情况，诊断出来的结论是，左膝盖半月板二级损伤，膝盖部位积水，需要休息和治疗，服药、热敷、戴护膝，如果短期内没有明显好转，就必须到武汉大医院做进一步治疗。可是，面对同车间共事的二位年近六旬的老师傅，他不知道该如何向领导开口请假，正如那么多先后调离殡仪馆的同事劝他申请调离或调整岗位时，他不知道该如何开口一样，他理解别人的想法，但他找不到离开的理由，他只知道，这个岗位需要他的执着，需要他的坚守。此后，他仍然没有请假休息过一天，一直坚持边上班边治疗。

殡仪馆实行的是24小时工作制，作为一名火化工，无论是严寒酷暑，还是白天黑夜，无论是正常上班时间，还是重大节假日，无论是分内，还是分外，他始终以一名军人特有的责任感，坚守每一天，做好每一事。

有一次，单位刘师傅上班的时候，突遇火化炉故障，在尸体进入炉膛后，炉门就是下不来，经检查，原来是控制炉门升降的电动机坏了。他得知情况后，赤手空拳爬上了炉膛顶部。此时，炉膛里气温有 800 多度，浓烟和火苗从炉门口冒出，就在他移动炉门到位的几分钟里，气都喘不上来，全身汗透，身上黑乎乎的。

当家属埋怨他时，他说："受伤的是肉体上的一点疼痛，得到的却是丧属的信任和放心，值得！"他是这么说的，更是这么做的。十多年来，他从一名火化工到车间副主任、主任，尽管角色在转变，但是不变的是，他始终没有离开车间一线，他始终勤勤恳恳，任劳任怨。

四

15 年来，经他亲手火化的遗体有 1300 多具，安抚丧属 5 万余人。在每一天的工作中，他从不与丧属争执红脸，无一例差错。接触过他的丧属都说：他把我们当亲人，我们伤感不应该在这儿宣泄，但我们的痛苦却在这里得到了安慰。

平时热衷于公益事业。2015 年 9 月，他加入了麻城市义工联组织，并且积极参加活动，足迹遍布麻城的各个乡镇、福利院、特教学校等，多次获得"优秀义工称号"。2016 年 7 月麻城遇到百年一遇的洪水，义工组织积极与"一家人"基金会联合对全市受灾的乡镇进行各种物资的援助。为了能及时给灾民送去必要的生活物资，徐申权与其他义工一起给灾民区送矿泉水、大米、棉被等抗灾所需要的日常用品。每逢端午、重阳节日，徐申权就去福利院陪老人度过快乐的节日，给他们做水饺，组织歌舞节目等。

韶华易逝，岁月如歌，在十多年的殡仪生涯中，徐申权多次被麻城市民政局评为先进工作者，先后被黄冈市评为民政系统先进个人、道德模范、麻城市十佳共产党员；2015 年，被湖北省政府表彰为"先进工作者"。面对荣誉，他说："人生因为奉献才有价值，从事殡仪事业，我无怨无悔！"

谢彬蓉同志简要事迹

重庆市自主择业军转干部谢彬蓉同志，女，重庆忠县人，1971 年 10 月出生，1993 年 7 月入伍，中共党员，大学本科学士学位，2007 年 12 月荣立个人三等功一次，2013 年转业自主择业安置在重庆渝北区，转业前系空军试验训练基地二试验区高级工程师，技术七级，大校军衔，在内蒙古额济纳旗艰苦边远地区工作 20 年。

2014 年年初，谢彬蓉从四川省凉山州美姑县团委管理网站看到"苦荞花开支教团"的社会公益组织信息：该地区急缺人力资源，长期需要能吃苦、有爱心、负责任的社会公益人士，前往艰苦地区接力支教行动。这一信息激起了谢彬蓉当年因参军没能如愿从教的梦想，于是，决定前往海拔 3000 多米的凉山地区义务支教。

自此，谢彬蓉就像一只候鸟，每逢学校开学，她就要离开繁华的重庆，"飞"到山里与孩子们在一起，一待就是几个月。没有长假她一般不出去，因为出去一趟要花上两天。

2 月 28 日，从重庆坐 8 个多小时的大巴，晚上 7 点多到四川大凉山的雷波县城。在这里住一晚之后，第二天再坐上大巴，颠簸 4 个小时，才能到达中转站——美姑县。

一路上，车沿金沙江岸蜿蜒前行，窗外便是悬崖，令人不敢侧目，不时遇见坑洼路段，颠簸不已，从山顶滚下的落石横亘路面，偶尔有滚落的小石子砸得车窗噼啪响。谢彬蓉说，她第一次来的时候坐这车吓得紧张兮兮的，但"跑了几趟已经习惯了，上车就能睡着"。

谢彬蓉支教的扎甘洛村村支书吉克古克特地用面包车来接她。还是一路颠簸，沿着陡峭的悬崖翻过四五道山梁，近两个小时之后，终于到了谢彬蓉所在支教的瓦古乡扎甘洛村小学。

在大凉山，有不少支教组织，谢彬蓉属于一个叫"苦荞花开"的支教团，是美姑县团委管理的众多支教组织之一。在支教的老师中，谢彬蓉年龄最大，其中有些大学生和她女儿的年龄相仿。起初她并没有告诉大家自己的从军经历，后来大家从聊天中得知之后，"大校姐"的称呼不胫而走。

"我就是想做这件事。"

父亲曾是抗美援朝的老兵，为了延续他的军旅情结，1993 年，从四川师范学院毕业的谢彬蓉成为班里投笔从戎的"独苗苗"，她因此戏称自己是"军二代"。

到 2013 年，谢彬蓉的军龄正好满 20 年，也就是在那一年，女儿上大学，同样从军的丈夫 2010 年已经自主择业，她觉得自己转业的条件成熟了，就选择自主择业回到老家重庆。

转业后，谢彬蓉的选择有很多。一位在四川某高校担任副院长的老战友邀请她去从教，并承诺聘她为教授，还给解决一套房子。"生活上没有后顾之忧了，确实有很多选择，但我觉得支教更有意义。"她支教的念头一直很坚决。

为了不让家人担心，转业之前的几年，谢彬蓉就在家人面前早早做起了"渗透工作"。她常常搜集一些关于支教的信息跟家人分享，告诉他们自己想去支教，所以作出决定的时候家人并没有强烈反对，反而都很支持，女儿甚至鼓励她说："只要你自己觉得开心就好。"

跨过 20 年的军旅岁月，谢彬蓉终于再登三尺讲台，重圆教师梦。2014 年春节一过，她剪去偷偷在部队留了几年的齐腰长发，背起行囊，踏上了支教之路。

第一所学校是在网上找到的，她当时就想找一个看起来"条件更差、更艰苦、更需要帮助"的地方，最后选择了故哲小学。但这是一所私立小学，孩子们都没有学籍。后来，在她与经商的战友的帮助下，协调有关部门帮孩子们恢复了学籍，并分流到各公立学校。

让她真正下定决心继续支教的，是这个学期的最后一天。那天期末考试，谢彬蓉被交换到乡里的中心小学监考。本以为那里的条件会好很多，但在考场上看到孩子们的基础那么薄弱，谢彬蓉这才意识到，凉山的师资力量比她想象的要差得多。用半年时间回去考了驾照之后，她再次回到大凉山，回到孩子们中间。

"我真觉得在这里不苦啊。"

从西昌太和镇故哲村小到美姑县尔其乡依惹村小，再到现在海拔 3000 多米的扎甘洛，谢彬蓉开玩笑说自己是典型的"人往高处走"，但条件也是一个不如一个。

扎甘洛是一个只有十几户的小山村，村里的房子都是用土砖砌的，总人口不到 180 人，其中大部分都是孩子，少的一家也有四五个孩子。

这是她在这里的第二个学期。村里的孩子入学率不高，而且入学很晚。学校只有一个六年级，大的 18 岁，小的 11 岁，她一人负责学校的所有工作和课程。

学校是村子中间的一块开阔地的四间土砖房，只用了一间做教室，没有校门，谢彬蓉用粉笔在教室外面的土墙上写上了"扎甘洛村小学"，她就住在其中的另外一间房里。跟在重庆城里舒适的生活相比，这里的一切都变得很艰难：因为海拔高，米饭煮不熟，她常常吃着夹生的米饭；因为出去一趟不容易，山地里又很难种蔬菜，她经常只能吃发芽的土豆；当地的彝族人没有厕所，她常常需要趁夜里或者早起绕到村后的山里解决；山里潮湿，洗点衣服，经常十天半月才能干，还经常被小狗叼走，或者被风刮跑；房间里老鼠肆虐，她用了老鼠药和粘鼠板，它们仍旧猖獗不已；村里信号不好，她经常要爬到山顶，才能把电话打出去；房间里洗澡不方便，经常得好几十天下一次山，痛痛快快洗个澡，再狂吃海喝一顿……

冬天的山里特别冷，她得穿着两件毛衣、一层夹袄再加一层羽绒服，两条羽绒裤，晚上盖三四条被子，手被冻得握不住粉笔，只好戴着手套写字。房间的窗户没有玻璃，她用塑料布贴上，窗台上放着她的包和本子什么的。早上起床，她去拿本子写教案，发现本子被冰冻住了；去拿纸点火，发现纸也被冰冻住了；去包里拿东西，发现包也被冻住了；要开门出去，却发现门闩也被冻住了……

但这些，谢彬蓉并不觉得苦。每次看到孩子们的一点点变化，她的坚持便有了无穷的动力。

更让她有动力的，是山里孩子们的纯真：天冷没有菜吃，孩子从地里给她挖来一把鱼腥草，去人家挖过的菜地里给她挖来一个被漏掉的萝卜；水管被冻住了，冰天雪地里走路都困难，孩子们走出去老远，到河边给她砸冰提水；孩子们把自己家里舍不得吃的鸡蛋拿给她，每次家里有什么好吃的都忘不了她；当她让孩子们写下自己的新年愿望时，一个孩子写道：希望老师能永远陪着我上学。

"每个孩子都应该被宠爱。"

3月1日，上课第一天，带领孩子们打扫好教室之后，谢彬蓉给他们上的第一课，就是升国旗唱国歌。上学期，她把国旗画在黑板上给孩子们介绍过，也教会了他们国歌。孩子们第一次系上红领巾，见到五星红旗，一个个都很兴奋。

过了几天，孩子们砍来一棵树，在树干顶上装上一个圆铁环，这个学校里终于有了一个篮球架。孩子们兴奋得围着它直转悠。

山里的孩子基础薄弱，很多城里孩子身上很平常的东西，都需要一点点教。刚去支教的时候，谢彬蓉看到孩子们大部分嘴巴上挂着鼻涕虫，脸蛋比小猫还花，衣服脏得看不出颜色，小手和刚出煤洞的矿工没有两样……她每次洗头洗衣服都把盆端到操场上洗，故意让孩子们围观，一边洗一边告诉他们：洗了才"瓦吉瓦"（汉语"漂亮"的意思），老师喜欢和干净漂亮的小朋友做好朋友。她给孩子们布置的家庭作业就是回家洗手洗脸，如果发现哪个孩子没有完成，她就打水让孩子们洗完才作罢。慢慢地，"小花猫"们恢复了漂亮干净的脸蛋，衣服也变整洁了。

山里的孩子们基础差，跟他们讲抽象的概念他们根本听不懂。谢彬蓉就从孩子们最熟悉的玉米、土豆、核桃、辣椒入手，教孩子们学会加减法，动手分一分。她自编了朗朗上口的三字经歌谣，教孩子们认识拼音和汉字。让她惊喜的是，孩子们学得很快。一个学期下来，他们不仅学会了所有的拼音，而且学会了声调、标调以及生字的拼读，还认识了一百多个汉字，最让谢彬蓉欣喜的是，他们学会了跟陌生人打招呼说"你好"，学会了不随便拿别人的东西，学会了排队等待……

在依惹小学的时候，有一天上午她给二年级的孩子讲礼貌用语。课堂上孩子们没有人开口说"谢谢"。下午两个孩子打架，小隔作被摔倒，一旁围观的拉主上去摸着他的头安慰他。把这些看在眼里的谢彬蓉下午上课的时候把这件事在班里说了一遍。没想到小隔作自己转头向拉主笑着说了一声"谢谢"。谢彬蓉说自己那一刻"特别感动"，正是这些"小感动"，让她有了很多动力。

但谢彬蓉也经常觉得无奈。山里的家长并不像城里那样重视教育，家里有点什么事都让孩子旷课帮忙，有的孩子得干完家务才能到学校来上课，有的干脆抱着弟弟妹妹来上学。孩子们对学习也不是那么上心，有的上课不好好听讲，有的一心想着到外面去打工，有的干脆直接不来了……

去年冬天，因为天气太冷，孩子们几乎天天都要迟到，谢彬蓉就把上课时间从 9 点延迟到 10 点。她问孩子们："以后 10 点上课，能做到不迟到不？"

孩子们一个个信誓旦旦地回答："能！"

可是坚持了两天，他们就违背了自己的诺言。这天早上，谢彬蓉分别在 9:40、9:50、10:00、10:10 敲了 4 次盆子（因为没有铃铛，她用铝碗敲铝盆的声音作为上课铃声），但还是只来了三个人。

谢彬蓉让他们几个先做练习，自己跛着刚崴伤的脚去喊孩子们来上学。路上，她遇见了尔沙、格沙用马驮着东西去卖，便喊他俩去上学，可他俩一个只笑不吭声，一个说"不来"。谢彬蓉继续往阿果家走，远远地看见她赶着一群家畜往村外走，便大声喊她去上学，她也大声回："不来。"

顿时，谢彬蓉的火气就上来了。憋着怒火回到教室，还是只有 4 个学生。谢彬蓉气得把自己关在宿舍里放声大哭。

大概半个小时后，谢彬蓉听见教室里仍然在叽叽喳喳。擦干眼泪，她拿着书本走进教室。

除了一个几乎天天旷课的学生外，其余的都到了。

那堂课，她是流着泪给他们讲完的。"可是再生气也没有想过要放弃，我不能半途而废，我要让他们有所收获。"每每看到孩子们的变化，所有的辛苦都会被忘记。

上学期结束时，谢彬蓉给每个孩子都颁发了一面奖状。孩子们拿着"纪律之星""体育之星""进步之星"的奖状，笑得特别开心。哪怕学习再不用功的，谢彬蓉都尽量去找他们身上的优点。"每个孩子都应该被宠爱，他们是我们的未来。"谢彬蓉说。

这学期结束之后，这些六年级的孩子就要毕业了。但每次看到在村里晃悠的那些学龄的孩子们，谢彬蓉就会难以入眠：现在村里还有 20 多个孩子等着入学。下学期，她最大的愿望是能把村里的学前班办起来，她想从头开始，从最基础的东西教起，真正影响孩子们。

3月2日，开学第二天，天气变得阴沉，一早谢彬蓉就说要变天，白天果然下起了雪。一到这种天气，村里肯定就会停电，谢彬蓉又不能做饭了，她几乎是饿着肚子给孩子们上了一天的课，这种情况不是一次两次了。下午的语文课上，讲完新课文之后，她让孩子们自由朗读，这些彝族孩子用不那么标准的普通话读起课文，清脆的读书声飘荡在山谷里……

附　录（二维码）

一、退役政策

《中华人民共和国兵役法》

《退役士兵安置条例》

《军人抚恤优待条例》

《军队转业干部安置暂行办法》

《伤残抚恤管理办法》

《财政部、税务总局、退役军人事务部关于进一步扶持自主就业退役士兵创业就业有关税收政策的通知》（财税〔2019〕21号）

退役军人事务部、中央组织部、教育部、公安部等军地12个部门《关于促进新时代退役军人就业创业工作的意见》（退役军人事务部发〔2018〕26号）

《退役军人事务部　财政部关于调整部分优抚对象等人员抚恤和生活补助标准的通知》（退役军人事务部发〔2018〕21号）

二、保家卫国（视频）

《英雄儿女》

《上甘岭》

《激战无名川》

《打击侵略者》

《奇袭》

《冰雪长津湖》

《到》

后 记

习近平总书记在党的十九大报告中提出："组建退役军人管理保障机构，维护军人军属合法权益，让军人成为全社会尊崇的职业"，强调了退役军人的安置问题，也饱含着党和人民对子弟兵厚重的关爱。为妥善安置退出现役的军人，党中央、国务院及相关部门出台了不少法规政策，对退役军人来说，面对这些现实问题，需提前做好海量的政策"功课"。为此，我们对《中华人民共和国兵役法》《退役士兵安置条例》《军人抚恤优待条例》《军队转业干部安置暂行办法》等法规以及国家现行有关退役军人安置政策进行了归纳梳理，以问答形式对军人退出现役后的安置政策规定进行了解读，供广大退役军人参考。

本书在编写过程中，得到了中华人民共和国中央军事委员会相关部门、中华人民共和国民政部相关部门、中华人民共和国退役军人事务部等单位的大力支持，吸收了新的相关政策法规，恕不一一注明，在此一并表示感谢。

本书编写组

2019 年 6 月

策　　划：娜　拉
责任编辑：娜　拉　舒　月　史　伟　逯少杰　李兴旺
封面设计：吴燕妮　张志彬
版式设计：杜维伟
封面摄影：来永雷

图书在版编目（CIP）数据

退役了怎么办/《退役了怎么办》编委会 编 . —北京：人民出版社，2019.6
ISBN 978 - 7 - 01 - 020763 - 6

I. ①退…　II. ①退…　III. ①退役 – 士兵 – 安置 – 政策 – 中国 – 学习参考资料
　IV. ① E263

中国版本图书馆 CIP 数据核字（2019）第 076138 号

退役了　怎么办
TUIYILE ZENMEBAN

本书编委会　编

人民出版社 出版发行
（100706　北京市东城区隆福寺街 99 号）

北京博海升彩色印刷有限公司印刷　新华书店经销

2019 年 6 月第 1 版　2019 年 6 月北京第 1 次印刷
开本：710 毫米 ×1000 毫米 1/16　印张：14.25
字数：152 千字

ISBN 978 - 7 - 01 - 020763 - 6　定价：56.00 元

邮购地址 100706　北京市东城区隆福寺街 99 号
人民东方图书销售中心　电话（010）65250042　65289539

声　明

由于时间紧，我们未来得及与全部文字作者、图片作者、视频版权人取得联系。盼上述未联系到的作者见此声明后，持有效版权证明，尽快与我们联系。

联系电话：010-84095860